「ネット世論」の社会学
データ分析が解き明かす「偏り」の正体

谷原つかさ Tanihara Tsukasa

NHK出版新書
725

はじめに

私は研究者になる前は中央官庁で行政官として働いていました。その際、学習指導要領（日本における小学校・中学校・高校のカリキュラムの基準）の改訂というホットなイシューに関わっていたこともあり、社会から多くのご意見をいただきました。マスコミからの取材をはじめとして、国会議員事務所や業界団体からの問い合わせ、時には一般国民の方から直接の要望や問い合わせもありました。しかし、ネット上の世論というのはあまり気にしていなかったように思います。２０１５年頃のことです。

しかし、最近行政官時代の友人に話を聞いてみると、政治家の先生方をはじめとして、政府全体としてネット世論を気にしているようでした。この10年間で、随分と「ネット世論」の影響力は大きくなったように思います。

テレビの報道番組における解説や、友人・家族との会話で、「ネットではこう言われている」という形で言説が紹介されることも増えました。それでは、そこで言及される「ネット」とは何なのでしょうか。また、何をもって「ネット」を代表させているのでしょうか。このように、世間で言われている「ネット世論」はイメージで語られがちです。そこで**本書では、定量的なデータに基づいて、日本のネット世論の構造、分布、実態、影響を明らかにしていきます。**

本書では、ネット世論の中でもX（旧Twitter）の言説を中心に分析しています。理由は、第一にその機能です。アカウント登録さえ行えば、誰でも気軽に自分の意見を世界に向けて発信できるという設計は画期的です。第二に、ユーザ数の多さです。２０２３年のデータによると、日本のXのアクティブユーザは６７００万人で世界第二位です。*1 ちなみに第一位はアメリカの９５００万人、第三位はインドで２７００万人です。アメリカと日本だけユーザ数が群を抜いています。

なお、XやInstagram、YouTubeなどのメディアの総称について、日本では「ＳＮＳ」と呼ぶことが一般的ですが、これは和製英語です（最近は英語圏でも通じるようですが）。従って本書では、世界的に標準的な呼称である「ソーシャルメディア」という言葉を使用します。

本文を先取りする形で少し本書のハイライトを述べておきます。２０２１年に行われた衆議院選挙の選挙期間中（２０２１年10月19日～10月30日）に、X上において自民党に言及した投稿は３６４万２５５１件ありました。そのうち、51・７％が自民党に対して否定的な見解を述べる投稿でした。一方で、自民党を応援する投稿は17・２％しかありませんでした。しかし選挙結果を見てみると、自民党は２６１議席を獲得し議席の過半数を確保しています。２０２２年の参議院選挙時も同様の傾向でした。

また、２０２３年に行われた大阪府知事選挙において、X上で吉村洋文現職知事に言及した投稿は18万８４２５件ありました。そのうち、約62・１％が吉村候補に対して批判的な見解を述べるものでした。一方で、吉村候補を支持する投稿は11・８％しかありませんでした。しかし選挙結果を見てみると、吉村候補は73・７％の票を獲得し圧勝しました。

以上の事例から分かるように、**日本における政治コミュニケーションにおいて、ネット上の意見と選挙結果は一致しない傾向にあります**。本書は、データを用いてそのからくりを紐解きながら、ネット世論とは何なのか、ネット世論とどのように向き合っていけばよいのかについて考えてみようという試みです。

もっとも、この原稿の最終チェックを行っている２０２４年現在は、自民党の政治資金問題が注目を集めており、同党に大きな逆風が吹いています。実際、4月28日に実施された衆議院補欠選挙で、保守王国といわれた島根県の選挙区で自民党は当選者を出すことができませんでした。また、2024年7月、この書籍が出版される直前に投開票があった東京都知事選挙では、ソーシャルメディアで切り抜きが拡散し、ネットユーザの支持を集めた石丸伸二氏の票が伸びました。現在ネットユーザである若年層が壮年層にさしかかり、政治に興味を持つようになり得る将来、状況は変わるかもしれません。ネット世論と社会の世論の関係は今変わりつつあります。次の選挙では、ネット上でアンチ自民党的なコメントが多数派になり、実際の選挙においても自民党が大きく議席数を失う可能性があります。その場合、本書は「ネット世論と選挙結果が一致しなかった時代の資料」として読まれるべきでしょう。

しかしだからといって、本書の知見が陳腐化するわけではありません。本文中で述べるように、**ネット上の情報には様々な「クセ」があります。そうした「クセ」を知り、ネット世論と向き合うことはいつの時代においても大切です。**

第1章では、そもそも「世論」とは何なのか、という議論から始め、従来の世論とネット世論の構造的な違いを詳しく論じます。それを踏まえ、これまで政治コミュニケーションでXがどのように使われてきたのか、ソーシャルメディアが人々に与える影響とはどのようなものかを多くの研究事例から整理します。

第2章では、実際に筆者が行ったデータ分析を詳細に解説します。事例としては、2021年衆議院選挙、2022年参議院選挙、2022年安倍晋三元首相の国葬に関するX上のログデータを用いて、ネット世論がどのような様子だったかを概観します。また、有権者に対するアンケート調査をもとに、Xユーザにはどのような特徴があるのかを明らかにします。本章では、X上の世論と実際の選挙結果が乖離《かいり》していることに加え、X上の言説からその背後にいるユーザの状況を推測することの難しさが伝わればと思います。

第3章では、2023年大阪府知事選挙の際に行った大規模なアンケート調査から、X上で政治的な投稿を行う人の特徴を明らかにします。具体的には、X上に意見を同じくする仲間がいることが鍵になってきます。同時に、「沈黙のらせん理論」という世論に関する社会科学の理論を応用して、X上に偏った意見が集まるメカニズムを明らかにします。

第4章では、政治コミュニケーションの話題から少し離れて、2023年に話題となったジャニーズ性加害問題に関するXの大規模データを用いた研究を紹介します。この事件について、どのようにネット世論が盛り上がり、それが主流メディアに影響を与え、大きな渦《うず》となっていったのか、また、ジャニーズファンはどのような反応を示したのか、こうしたことについて、世論に関する社会科学の理論を参照しながらデータに基づいて分析していきます。

第5章では、ネット世論のバイアスを踏まえ、我々はどのようにネット世論と向き合っていけばよいのかを考えます。再び世論研究の様々な理論を参照しながら、多メディア時代における世論の特徴、メディアリテラシーなどについて論じます。

注意していただきたいのは、本書は、ネット世論は右寄りであるとか左寄りであるとか何かしら一貫した説明を提供しようとするものではありません。ネット上には、右寄りの人もいれば左寄りの人もいます。ただ、ネット上には一定の「クセ」があります。**本書は、その「クセ」がどんなものかを明らかにして、それとどのように向き合っていけばよいのかを考えることを目的としています。**

私はネットが大好きです。いい歳をして、毎日最低でも1時間はYouTubeやTikTokを視聴しています。ユーザが発信する情報にシンパシーを感じる時もあります。一方で、私は社会科学者です。客観的なデータや学術的な理論をもとに、事象を説明する義務を背負っています。本書を読むにあたっては、そうした葛藤《かっとう》をご理解いただければ幸いです。

「ネット世論」の社会学──データ分析が解き明かす「偏り」の正体　目次

第1章　「偏り」はなぜ生まれるのか

――ネット世論の構造

1　世論とは何か

世論はあいまいな存在

この本のテーマは「ネット世論」です。ではそもそも「世論」とは何でしょうか。コミュニケーション分野における百科事典 The International Encyclopedia of Communication の「Public Opinion」の項目を参照しながら紐解いていきましょう。*1 同書の「Public Opinion」の項目は、次のような一文から始まります。

社会科学における最も古い概念の一つでありながらも、最も理解されていないという不名誉な特徴を持つ「世論」は、コミュニケーションや他の分野の学者たちにインスピレーションを与え、困惑させ続けている。

ここで言われているように、「世論」という概念は、つかみどころがないものなのです。さらに次のように続きます。

> 世論には、ある種の構文的な内部矛盾がある。「Public」が集団や普遍的なものを示すのに対し、「Opinion」は一般的に個人と結びつけられ、やや内面的で主観的な表現とみなされる。

この指摘は非常に興味深く、「世論」の難しさを端的に表しているように思います。すなわち**「世論」には、社会を代表する普遍的な民意という側面と、個人個人の勝手な心情表明という二つの側面がある**のです。この点は、日本国内でも、上智大学教授でメディア史家の佐藤卓己氏が詳細に論じています。

佐藤氏は、論理や理性、知識に基づいた意見を「輿論《よろん》」、誰が担っているのかも判然としない感情に基づいた意見（これは「空気」ともいえると佐藤氏は述べています）を「世論《せろん》」と区別しました。[*2] この二つは、戦前期は使い分けられていたようですが、戦後に「輿」が当用漢字でなくなったことから両方が混在して「世論」となりました。本書でも、特に断りがない限り、「世論」に統一して論を進めていきます。

佐藤氏は、「輿論《よろん》」の復権を主張しています。第一次安倍内閣（2006年9月～07年8

月）に対して短期間で変動する世論調査の結果を指して次のように述べています。*3

（……）直感的な「世論《せろん》」が政治を支配することになるだろう。それは議会制民主主義にとって好ましいことなのだろうか。政治家は人気調査《せろん》の変動を絶えず睨みながら、国民の移り気な直感的「世論《せろん》」を追いかけていくだけにならないだろうか。

元々フランス語の“l'opinion publique”という用語は、16世紀のフランス・ルネサンス期の作家モンテーニュに由来するものです。当時西欧諸国が啓蒙主義時代に入り、政治権力と意思決定が王政から市民へと移行する段階になって、「Public Opinion」とは何かが問題となりました。先に引用した百科事典の以下の一節は、当時既に、「輿論《よろん》」と「世論《せろん》」という問題があったことを示唆しています。

公共的な見解に到達する際に、あるグループをどの程度「合理的」とみなすことができるかが議論の中心となった。全ての意見が聞き入れられ、平等に考慮されるような理想的な言論状況を求める意見がある一方で、感情的な群集心理によって公開討論が汚され、操作的な手段によって軽率な決定が下されるのではないかという懸念も残っていた。

以上のように、理性的で知識に基づいているがゆえに、民意として参照すべき「輿論《よろん》」と、感情的で「空気」ともいうべきであるがゆえに、あてにならない「世論《せろん》」という二つの存在に、政策立案担当者や政治家、研究者は悩まされてきました。何を国民の意見として尊重すべきか、ということが悩ましいのです。さらにこの二つは、きれいに二項対立的になるものではありません。輿論《よろん》にも感情的な側面があるでしょうし、世論《せろん》にも理性的な側面があることは容易に想像できます。*4

リップマンの警鐘

『世論（Public opinion）』という名の名著があります。*5 この本が出版されたのは1922年ですが、既に「世論《せろん》」の危うさが指摘されています。著者のウォルター・リップマン（Walter Lippmann）はアメリカの大学を卒業後ジャーナリストとなり、20代の終わり頃に、当時のウィルソン大統領のアドバイザーになります。その時にやった仕事が世論形成でした。当時第一次世界大戦が始まる中、アメリカは参戦しないという判断をし、それが世論となっていました。ところが情勢の変化で、アメリカ政府は参戦したほうがよいという判断を行います。その時に、平和ムードの世論を参戦ムードにするための計画を考案したのがリップマンでした。[*6]

リップマンはこの仕事の経験から、世論の危うさを考察しています。リップマンはまず人間がどうやって環境を知覚するかを検討しました。そしてそれはメディアを通して個々人が頭の中で描く「イメージ」だと考えます。このイメージは「疑似環境」と呼ばれ、メディア論のテキストでは必ずといっていいほど言及されます。現実世界は非常に複雑で変化が激しいので、それを直接知覚することは困難であるため、**人間は自分が作り上げたイメージで世界を把握し、それに基づいて行動する**というのです。そしてこのイメージこそが世論です。リップマンによる世論の定義を見てみましょう。[*7]

外界のさまざまの現象がほかの人間たちの行動に関わりをもたずにはおかない場合、そうしたほかの人間たちの行動がわれわれの行動と交差したり、われわれに依存したり、あるいはわれわれの興味を惹いたりするかぎり、そうした外界の現象をわれ

> われは大まかに公的な事柄と呼ぶ。このような人びとの脳裏にあるもろもろのイメージ、つまり、頭の中に思い描く自分自身、他人、自分自身の要求、目的、関係のイメージが彼らの世論というわけである。人の集団によって、あるいは集団の名の下に活動する個人が頭の中に描くイメージを大文字の「世論」とする。

リップマンが生み出した重要な概念はもう一つあります。それは「ステレオタイプ」です。「われわれはたいていの場合、見てから定義しないで、定義してから見る」[*8]という一節は非常に有名です。

人々はステレオタイプを持つことによって認知コストを削減することができ、効率よく疑似環境を把握することができます。このステレオタイプの弊害は様々ありますが、リップマンが強調しており、かつ本書の文脈で重要なのはそれが理性的ではなく情緒的であるということです。**情緒的なステレオタイプによって生み出された世論は、やはり情緒的になります**。佐藤氏の言葉を借りるならば、「輿論《よろん》」ではなく「世論《せろん》」です。リップマンはこのことを非常に憂慮していました。人々の世論が感情によって流されてしまうものであるならば、それに依って立つ民主主義は危機に陥るだろうということです。

リップマンの時代の主要なメディアは新聞でした。リップマンは新聞の危うさも指摘します。新聞は広告主から資金を得て運営するビジネスであるため、必ずしも真実を中立に伝えるとは限らない。むしろ、人々のステレオタイプを刺激するような（現代でいうとページビュー数を稼ぐことができるような）記事ばかりが横行することになる力学を持っているというのです。

リップマンの以上の考え方は、今から100年以上も前に書かれたとは思えないほど現代における世論の危うさを見事にえぐり出しています。むしろ現代においてこそ、**ネットを見て疑似環境とステレオタイプを形成し、それに基づいて感情的な意見を抱いて攻撃的なコメントをしてしまう**ことは容易に想像されます（ただし、以上のようなリップマンの考えはエリート主義的で「上から目線である」と批判的にとらえられることもあります）。

「ネットの声」とは何なのか？

以上見てきたように、「世論」といっても、よく考えてみるとつかみどころがなく、非常にあいまいな概念であることが分かります。従って近年では、「世論調査により集計された回答の総和」などといった形で操作的に定義されます。しかし、これが通用しないのが「ネット世論」です。従って本書で主題とする「ネット世論」は、さらにつかみどころがないものなのです。

前述の佐藤氏は、『輿論と世論』の中で比較メディア論の観点から次のように述べています。[*9]

比較メディア論では（……）新聞がメッセージの内容や意図を「伝達する」メディアなら、テレビは登場人物の印象や状況を「表現する」メディアである。つまり、活字から読者は内容メッセージ（事実）を読み取り、放送から視聴者は関係メッセージ（印象）を受け取る。新聞は記号化された論弁型の情報を、テレビは身体的で現示的な情報を伝える。だから、文字情報は「真偽」を判定する公的な議論向きであり、具体的な映像情報は「好き嫌い」という私的な共感を呼び起こす。

輿論を担うメディアである新聞に対して、世論を形成するテレビ、という対比が記述されています。それでは、インターネットやソーシャルメディアはどうなのでしょうか。佐藤氏の著書は2008年に出版されたものですから、インターネット、ましてやソーシャルメディアへの言及はほとんどありません。活字と映像という対比でいうならば、例えばXは文字のメディアですから、「活字」つまり輿論《よろん》のメディア、YouTubeは映像メディアですから、世論《せろん》のメディアということになります。しかし現在のXに、理性的で知識に基づいているがゆえに民意として参照すべき「輿論《よろん》」があるでしょうか。誹謗中傷、フェイクニュース、プライバシー侵害等、問題は山積みです。

従って、どうやら、「活字」⇔「映像」という対比だけではメディアの質を語ることができそうにありません。「ネット世論とは何か?」という問いに答えるためには、実態の調査に基づく腰を据えた検討が必要になります。

テレビ番組などで、コメンテーターや司会者が、「ネットではこう言われています」と言いながらXの投稿を紹介することは珍しくありませんが、その投稿に「ネット」を代表させて良いのでしょうか。たまたま番組制作の担当者がピックアップした個人のつぶやきかもしれません。また、YouTuberが自身の動画のコメント欄を参照して、「みんなこう言っています」という言い方をすることもありますが、そこで参照しているのは何なのでしょうか。たまたま目についたコメントかもしれません。

我々は日常的に、「世の中はこう言っている」「みんなこう言っている」という言葉を使

います。しかし、その時の「世の中」や「みんな」とは誰なのでしょうか。それは参照すべき「輿論《よろん》」なのでしょうか。こうしたことを念頭に置きながら、本書ではネット世論について考えていきたいと思います。

X創成期の楽観論

X創成期においては、Xの言説や機能に関して非常に楽観的な見方がありました。2010年一時期れいわ新選組所属の国会議員にもなったタレントの水道橋博士氏は、2010年のX創成期に、ジャーナリストの上杉隆氏との対談の中で次のように話しています。*10

鳩山由紀夫総理が官邸の中でツイッターを使っていて、そのタイムラインだけでも眺めているのだとしたら、やらないよりやっている方がものすごく意味がある。ツイッターはそもそも民の声で目安箱だからです。その人たちが一四〇文字で語る「市井の人々の人生の一瞬」を常に垣間見るわけ。永田町にいる人たちの生態とはまったく別のものが絶対に見えるはずです。

また、当時Xを精力的に使っていた原口一博氏（総務大臣・当時）は次のように述べています。*11

直接民主制という難しい議論ではなくて、ただ「つぶやきが返ってくる」。そのために公権力をしっかりとチェックできる。

これらの言説は、X創成記の2010年に、ジャーナリストの上杉隆氏が上梓《じょうし》した『なぜツイッターでつぶやくと日本が変わるのか』という本からの抜粋です。上杉氏が8名の著名人とXに関して対談する構成になっています。当時からXを有効活用していたジャーナリストが、Xを有効活用している著名人と対談し、Xの有用性について語るという建付けになっている本からの抜粋ですので、そのまま真に受けるのは問題があるかもしれません。しかし、登場人物は当時を代表するジャーナリストや政治家ですので、それなりに当時の空気感を表しているものといえるでしょう。

彼らはXを「目安箱」「公権力のチェック」という言い方で形容しており、民主主義を支える新しいメディアとして位置づけています。X創成期の、Xへの希望を垣間見ることができます。実際、インターネット・コミュニケーションの創成期にも似たような言説がありました。インターネットによって人々は多様な意見に接触し、民主主義を成熟させていくというものです。

また、現群馬県知事で、当時参議院議員だった山本一太氏は次のように述べています。[*12][*13]

ツイッターの空間は自己抑制機能が働くから炎上しないですよね。（ツイッターを使う人々を）「ツイープル」と呼んでいるんだけど、ほとんどのツイープルは知的レベルも高いし結構、品格のあるちゃんとした人が多いからです。（……）自己抑制が効いて「悪貨が良貨を駆逐する」の逆ですよね。良貨が悪貨を駆逐する。

普通は話せない人とツイッターの空間だったら話せる。ちょっと音楽と似ていて、人種とか、国籍とか、宗教とかいろんな「違い」を超えるものがあると思うんだ。

さらに、参議院議員の世耕弘成氏も次のように述べています。[*14][*15]

フォロワーの人を見ていても「私のファンの人」「中間の人」「私を監視するためにいる人」がちゃんと分かれている気がする。「変なことを言ったらすぐに嚙みついてやろう」と言う人と、何か言ったら「そのとおりだ」と言ってくれる人と、時々によって違う人がいて面白い。

一つは誹謗中傷やなりすましは刑罰の対象となりますからそこで一つは歯止めがかかる。また日本人は、ネットを見る一方で、マスコミ報道とも比較対照をしながら見ます。変な情報が流れても軽々に信じることはないと思います。とくにツイッターは冷静な人がちゃんと見ていますから、決して暴論の方向に走ることはないと思いますけどね。

Xは炎上しないメディアで、ユーザの知的レベルも高いうえに、品格のあるちゃんとした人が多い、Xは様々な「違い」を乗り越える多様で冷静なメディアであると言及されています。つまり、**Xに「輿論《よろん》」を期待しているのです**。

2024年現在とは隔世の感があるように感じられるのは筆者だけではないでしょう。

2022年、1570件の炎上があり、そのうち71・0%はXが震源地でした。[*16] また、新型コロナウイルス感染症の流行を契機として、日本でも多くのフェイクニュースがX上で拡散されました。さらに、Xが人々の多様性を促すかどうかについては、後述するとおり、むしろ人々をタコツボに追いやって分極化を促すという議論もあります。

こうしたことを踏まえると、**わずか十数年前のXへの希望は、あまりに楽観的だったと**いわなければならないでしょう。

上杉氏自身も、前記の楽観的な書籍を出版した3年後、『文藝春秋』に「ツイッター敗戦わが懺悔録」というタイトルの記事を寄稿しました。その中で氏はこう記しています。[*17][*18]

> 結論は、やはり、私の中でのツイッターは終わったのだ。
>
> ツイッターの自由度が高いことは変わらないが、そのため、かつてのような明るい可能性を秘めたメディアではなくなってしまったようだ。それはツイッターというSNSがフェイスブックと違って、緩やかな匿名性を保持していることと無関係ではない。その匿名が増幅した時、罵詈雑言が伸長し、炎上を拡大させるという現象が頻発する(……)

もはやツイッターの一部は狼藉者に支配された荒地であり、私は、自らの読みの浅さに恥じ入っている。私は責任を取らなければならない。なにしろ、私は多くの人をツイッターの暗黒部分に連行した戦犯のひとりなのだ。

2 従来の世論とネット世論

世論は受動的に作られる

本書は、ネット世論の研究をすることを目的としています。それはつまり、「ネット世論」というものを、従来の世論（ここでは輿論と世論の区別なく、一般的な意味で用いています）とは異なる、何か異質なものとして見ているということになります。

従来の世論とネット世論の違いとは何でしょうか。**結論からいうと、従来の世論とネット世論はそもそも生成原理が異なるのです。**従来の世論は受動的かつ代表的で、ネット世論は能動的かつ非代表的です。

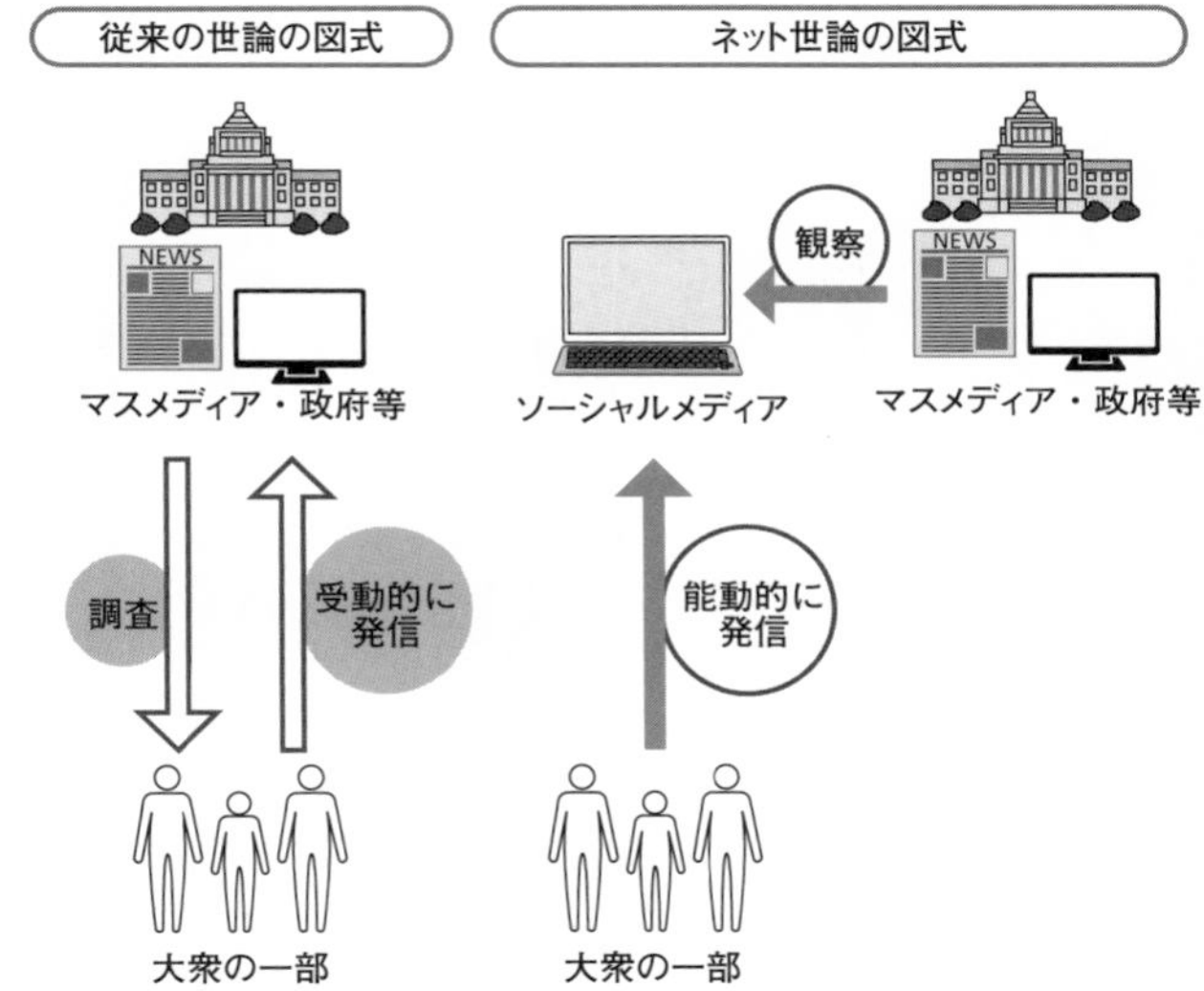

図表1-1　従来の世論とネット世論
（出典）山口真一（2018）『炎上とクチコミの経済学』朝日新聞出版, p.106をもとに作成

　このことを考え始めるにあたって、国際大学准教授の山口真一氏の説明図式が参考になります。まずは**図表1－1**をご覧ください。

　従来の世論は、政府やマスメディア、研究者がアンケート調査等により国民に質問し、国民が答えるという形式をとっています。つまり、国民は「聞かれたから答える」のです。

　この世論調査について、少し詳しく見ていきましょう。世論とは何かについて考えるための絶好の知識を提供してくれます。実際に世論調査に従事していた、日経リサーチ・シニアエグゼクティブフェローの鈴木督久氏が、『世論調査の真実』という本の冒頭で、マスコミによる世論調査の一場面として紹介している一節を引用します。*[19]

——もしもし、日経リサーチの鈴木と申します。いまお話ししても大丈夫ですか。お車を運転中ではありませんか。

「いきなり何ですか。間違い電話じゃないですか?」

——ただいま日経新聞とテレビ東京の世論調査を、18歳以上の有権者の方にお願いしております。5分程度の短い時間で終わりますので、ぜひご協力をお願いいたします。

「そんなものに興味ないし。ほかの詳しい人に頼んでください」

——簡単なものです。興味のない方にも貴重なご意見を伺いたいので、ぜひお願いします。

(渋々、了解。車は運転中ではないことを確認)

——あなたは菅内閣を支持しますか、しませんか。

「さっき（首相に）なったばかりで、まだ何もわからないでしょ。もうちょっと経ってからなら、いろいろやってもらいたいこともあるし、いまは何ともわかりません」

――では、お気持ちに近いのはどちらでしょうか。

「まあ、どっちというか……とにかく、やってもらわないとねえ。そういうことだなあ。いちおう支持ってことでいいけど……」

いかがでしょう。回答者の極めて受動的な様子がうかがえます。このように、**世論調査の回答者は、「聞かれたから答える」という受動的な姿勢なのです。**

「ランダムな選択」という最強の方法

次に、世論調査の技術的な部分を少し説明します。厳密な意味での世論調査と区別するために、街頭インタビューを考えてみましょう。例えば、100人を対象に、現在の首相を支持するかどうか街頭インタビューをしたとしましょう。インタビュー場所は渋谷のセンター街です。このインタビュー調査の結果をもって、世間の首相への支持度合いを推し量ることはできるでしょうか……それはできません。

なぜでしょうか。100人では少なすぎる、という印象を受けるかもしれませんが、人数は本質的な点ではありません。問題は、「渋谷のセンター街」という場所の限定性にあります。渋谷にいる、というだけで都市部在住であるということが推定されますし、センター街という比較的若者が集う場所ということは若年層に限定されています。都市部と非都市部では、収入や職種等も異なるでしょうし、それゆえに首相への支持度合いも異なるでしょう。また、年齢によって政治への関心も異なるでしょう。従って、渋谷センター街の100人に全国民を代表させることはできないのです。

それでは、この調査は「渋谷の若者」の首相の支持度合いを推定する材料になるかというと、それもできません。なぜなら、**調査対象となるサンプルは、ランダムに選択されなければならない**からです。「ランダムに」とは、全ての人が同じ確率で選ばれるという状況です。この状況を実現してはじめて、少数のサンプルから母集団を推し量るための推測統計の知識を活かせるのです。

この点、渋谷の街頭インタビューは確率的になっていません。当然ですが、インタビューを実施した時間に渋谷センター街にいた人は選ばれる確率が高いでしょうし、インタビュアーと目が合った人も選ばれる確率が高くなります。

以上のように、**サンプル調査を適正なものにするためにはクリアしなければならないハードルが非常にたくさんあります**。これらに気を使いながら、マスコミ各社の世論調査は実施されています。[*20] そうして報告される数字が、今日我々に世論として把握されているものなのです。

能動的で非代表的なネット世論

一方で、ネット世論は全く異なります。

第一に、誰も国民に質問をしていません。それにもかかわらず、国民は自ら、ソーシャルメディアやインターネットの掲示板、ニュースや動画のコメント欄に意見を記入するのです。これは「聞かれたから答える」のではありません。むしろ、**「聞かれてもいないのに意見を発信する」という、極めて能動的な態度**です。

第二に、やはりランダムな意見になっていないという点において世論ではあり得ません。**X等に投稿された意見は、「言いたい人だけが言った意見」なので、全ての人の意見が等確率に選択されているという状況とは程遠い状況**です。

一方で、X上のデータは膨大なので、マスコミの世論調査が対象とする1000〜

2000人程度の調査サンプルよりサイズが大きいから信頼性があるのではないか、と思う方もいらっしゃるかもしれません。しかし決してそんなことはありません。

確かに、X上のテキストデータはビッグデータとよばれ、近年注目を浴びていますが、このビッグデータというデータは非常に扱いが難しいものです。このデータをもって、サンプル外、つまり一般社会の世論を推し量ろうとするのはある種の禁忌といってもいいでしょう。なぜなら、「渋谷センター街の100人」と同様、「Xを使っていて、当該問題に意見を投稿した」という特定の集団だからです。デジタルデータを用いた社会調査に関する代表的な教科書[*21]でも、ソーシャルメディアデータは非代表的であるとはっきりと明記されています。

ランダムサンプリングは、料理の味見の例でよくたとえられます。例えばお味噌汁の味見をする場面を考えてみましょう。これは一部（スプーンですくったサンプル）から全体（鍋の中のお味噌汁全体）を推し量《おはか》るという推測統計の営みです。味見をする時、全体をよくかき混ぜてから味見をしますよね。なぜかというと、どこをすくっても同じような味になることを想定できるようにするためです。つまり、味噌や出汁《だし》がまんべんなく行きわたっていること（どこをすくっても味噌の濃度が確率的に等しい状態）を想定しているわけです。味噌がかたまっている個所をすくい上げて味見をしてもあまり意味がないですね。ものすごく濃い味がするはずですが、だからといって鍋の中のお味噌汁全体が濃いという判断はできないはずです。ネット世論はまさにこの状態です。Xのタイムラインから世論を推し量ろうとするのは、味噌の塊《かたまり》を味見して鍋の中のお味噌汁全体の味を推し量ろうとしているようなものなのです。

このように、世論調査における世論とネット世論はそもそも生成原理が根本的なレベルで異なります。世論調査の世論は受動的かつ代表的で、ネット世論は能動的かつ非代表的です。つまり、理論的に、世論とネット世論は性質の異なるものであるということがいえるのです。

マイノリティのマジョリティ化

この帰結としてどのようなことが起こるのでしょうか。**図表1-2**をご覧ください。**図表1-2**は、「憲法改正」について質問した際の、社会調査による意見とソーシャルメディア上の意見分布の異なりを表したものです。社会調査による意見は、国民にインターネット調査を行って収集した意見です。市場調査会社に登録しているモニターに調査

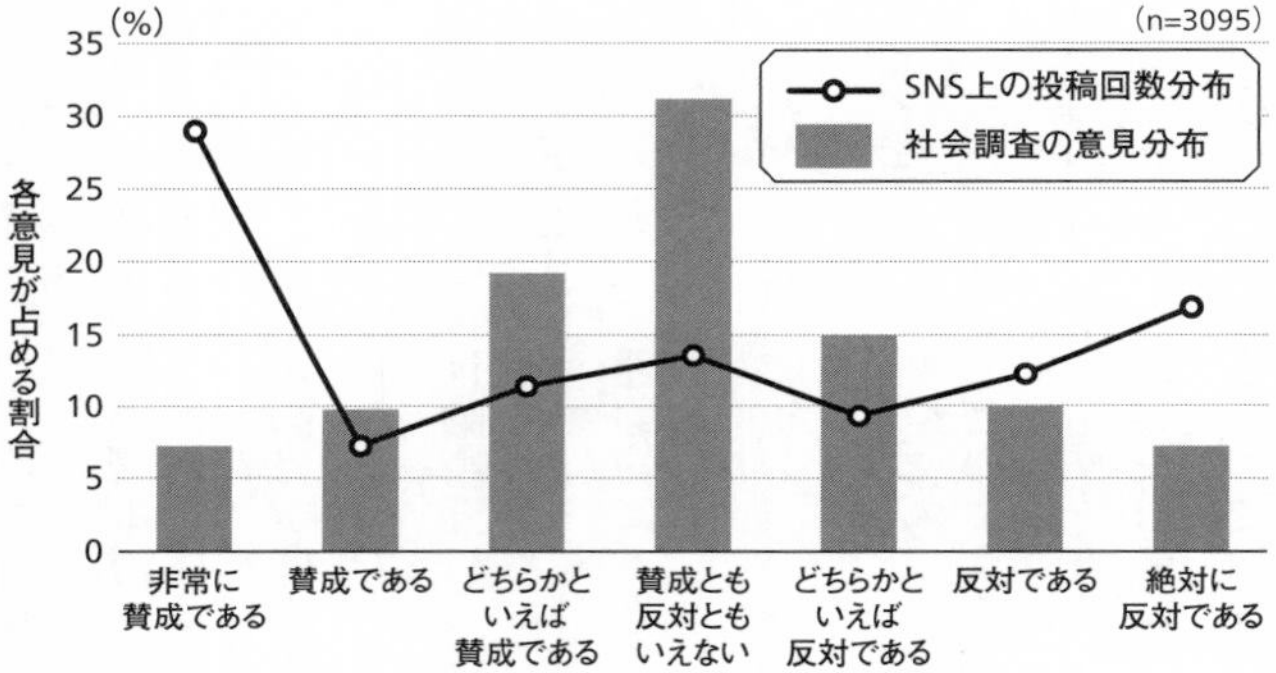

図表1-2　従来の世論とネット世論の違い（データ）
（出典）山口真一（2020）『正義を振りかざす「極端な人」の正体』光文社, p.46をもとに作成

票を配布して回答してもらった集計ですので、「調査会社登録モニター」という限定がついており、回答したい人だけが回答したものなので、前述のマスコミの世論調査ほどは完璧ではありません。しかしそれでも、年齢層や性別の割合を日本全体における割合と同様になるように調整をしており、可能な限り代表性を持たせています。

表中の棒グラフがその分布を表しています。「賛成とも反対ともいえない」を頂点として、山形の分布になっていることが読み取れます。つまり、**「どちらかといえば賛成」「どちらかといえば反対」など、マイルドな意見が多数派になっています。**

考えてもみてください。人々が生活の中で、四六時中「憲法改正」について考えているという事態は少し想像しづらいでしょう。ですので、はっきりした意見を常にもっているわけではなく、先に紹介したマスコミ世論調査の回答者の例のように、アンケートで聞かれた際に少し考えて回答するというのが現実ではないでしょうか。その結果が、**図表1-2**に表れているように思えます。

社会科学における研究で、政策や政党への賛否を5～7段階で尋ねると、その多くが「どちらともいえない」を頂点とした山形の分布となります。その意味でも**図表1-2**の棒グラフは、ある政策に対する国民の典型的な態度を表しているといえるでしょう。

一方で、ソーシャルメディアの意見分布は逆の傾向を示しています。**図表1-2**の折線グラフは、ソーシャルメディア上の意見分布を表しています。より正確にいえば、社会調査対象者と同じサンプルに、「あなたは憲法改正という話題についてSNS上に何回投稿しましたか」という旨の質問をした結果の分布です。その結果、社会調査における世論では最も少ない**「非常に賛成である」**と**「絶対に反対である」**が**多数派を形成しているの**です。この二つで46%、SNS上の意見の約半分を占めます。しかしこの二つの意見を持った層は、アンケート調査の結果では14%を占めるのみです。マイノリティのマジョリティ化が起こっています。

つまり、憲法改正に興味があり、強い意見を持っている人ばかりが多く投稿している状況がみてとれます。これも容易に想像できるはずです。憲法改正にさほど興味がなく、賛成でも反対でもどちらでもいいと思っている人が、わざわざその意見をネットに投稿するでしょうか。むしろネットに能動的に投稿する人は、憲法改正について日頃から勉強していて、「絶対に反対だ」「絶対に賛成だ」などという強い意見を持っており、その意見を発信したい、広めたいというモチベーションを持っているのではないでしょうか。

もっとも、ソーシャルメディアには、何気なくつぶやく、という参加の仕方もあると思います。その場合は、特に強い思いがなくとも、人々の考えがネット上に現れることもあるでしょう。そうしたつぶやき方が、「賛成とも反対ともいえない」という項目に少しの山を作っているのかもしれません。ただし、数としてはやはり強い意見を持った人が投稿する傾向にあるということが**図表1-2**から見て取れます。

ソーシャルメディアのユーザは偏っている?

また、そもそもソーシャルメディアを使っている人が社会の代表データではないという問題もあります。日本におけるXユーザの詳細は第2章及び第3章で詳述しますので、ここでは欧米の研究を紹介しておきます。
イギリスの政治学における代表的なデータを用いた研究では、Xユーザは若くて高学歴で、リベラルであり、労働党を支持しているという傾向があったことが明らかになりました。[22]
また、アメリカの代表的な世論調査会社ピューリサーチセンターの調査によると、アメリカのXユーザは、一般的なアメリカ国民よりも若く、民主党支持者が多く、高学歴で高収入である傾向がありました。[23] この調査によると、Xユーザの投稿の中央値は毎月2回程度と少ない一方で、上位10%のユーザ（この層は月に138回も投稿している）は、投稿全体の80%を占める投稿を行っています。**少数のアクティブなユーザがネット世論を形成していることが推測できます**。また、政治について投稿するアメリカのXユーザは男性で、都市部に住み、極端なイデオロギー的志向を持つ傾向があることを示唆する研究もあります。[24]
また、2014年におけるアメリカの州知事選挙候補者のソーシャルメディアメッセージの分析[25]では、興味深い知見が示されています。世論調査で遅れをとっている候補者は、ソーシャルメディア上でより活発に活動し、支持者に行動を呼びかける傾向が強く、有権者を説得するためにソーシャルメディアを利用する傾向があることが分かったのです。また、世論調査でリードしている候補者よりも、ビハインドを負っている候補者の方がソーシャルメディア上で攻撃的になる傾向が強いことも明らかになりました。

3　ネット世論と選挙

インターネット選挙活動の解禁

ネット世論の盛り上がりの背景には、2013年参議院選挙から始まったインターネット選挙活動の解禁があります。それまでは、選挙期間中にホームページやブログ、ソーシャルメディアを使った選挙活動を行うことは禁止されていましたが（もっとも事実上それに近いことは行われていました）、2013年の参議院選挙からは解禁されました。この背景には、当時の安倍首相をはじめとする自民党執行部、ネット選挙活動（ネット選挙）解禁推進派が、党内の抵抗勢力を押し切る形でネット選挙の解禁を推進していったという事情があります。*26

しかし当時の新聞記事を調査していて、興味深い記事を発見しました。2013年3月1日付読売新聞4面「ネット選挙　与野党決裂」と題された記事です。インターネットを使った選挙活動について、当時、与党と野党で意見が割れていたことを報じています。与党である自民党・公明党は、電子メールの送信を政党と候補者に限るとしていたのに対し、野党である民主党・みんなの党は、誰でも可能という形を提案していました（図表1－3）。与党が、インターネットによる選挙活動を限定的にしようとした背景には、「ネット世論は政権与党に批判の矛先が向きやすい」という警戒感が出ていたためと報じられています（この時は、結果的に与党案が採用されています）。後述するように、この警戒感はその後の選挙で的中します。

	自民党・公明党案	民主・みんなの党案
電子メールの送信者	政党と候補者に限る	誰でも可能
メール送信が可能な対象	メール送信者にアドレスを自ら通知し、受信にも同意した人	メール送信者にアドレスを通知した人
HPなどでの有料広告	政党に限る	政党と候補者に限る

図表1-3　ネット選挙活動をめぐる各党案の違い
（出典）2013年3月1日付読売新聞4面をもとに筆者作成

もっとも、体系だってネット選挙と向き合ったのは自民党だけだったようです。自民党は、ネット選挙分析チーム「トゥルース・チーム」を立ち上げ、ネット世論の詳細な監視と分析を行いました。

その内実は、ネット選挙研究の第一人者である日本大学教授の西田亮介氏の『メディアと自民党』に詳しいですが、ここではその一部を紹介します。「トゥルース・チーム」の役割は、「炎上監視・対策」「報道に対するネット反応分析」などでした。Twitter（当時）の投稿、候補者ソーシャルメディアのアカウント、2ちゃんねる（当時）を監視し、ネット世論の動向を総合的に分析していたそうです。

さらにチームは分析結果を候補者に毎日フィードバックしていました。その内容はかなり有用性が高く、日常的な分析をまとめた「定常レポート」、端的に取り組むべき施策としての「今日の打ち手」、一般的な話題や出来事をまとめた「今日の世の中キーワード」を作成して候補者に周知していました。当時、自民党は以下のようなプレスリリースを発表しています。*27

ネット選挙運動の解禁に向け、自民党と国内IT企業がタッグを組んだ新組織「Truth Team（T2）」が立ちあがりました。

T2の第一の役目は「ソーシャル・リスニング」。

ネット上に無数にある情報から、国民の皆さまが政治に対してどのような政策や姿勢を求めているのかを把握・分析し、党や候補者で共有、そしてそれぞれの活動でフィードバックしていきます。

また、ネット上に誤解に基づく情報があるならば、正確な情報を発信し修正する。なりすまし、違法な書き込みにも対応する。

このようなことも、T2のもう一つの役目となります。

さらに、今回自民党では全候補者にタブレットを配布し、T2で集約した情報が毎日レポートとして配信されることになります。

"We stand for Internet Democracy"

国民の皆さまの思いがより反映される自民党となるため、私たちは最先端のIT技術を駆使して、新しい政治のカタチをつくっていきます。

「ネット世論」を意識した戦略性を見て取ることができます。それでは、候補者たちは初めてのネット選挙で、X上でどのようなキャンペーンを行ったのでしょうか。

ネット選挙解禁となった最初の選挙である2013年参議院選挙期間中に、Xを利用していた2799名の候補者による4万5951件の投稿を分析した研究があります。[*28] 定量的な分析の結果、「選挙」「候補」「投票」「比例」などの選挙そのものに関する語彙《ごい》や、「（街頭）演説」「前」「今日」など、選挙活動の告知に関する用語が候補者によって多くつぶやかれていました。一方で、共産党や社民党などの一部の政党を除けば、個別の政策争点への言及は少なかったようです。

こうした傾向は、後述する2021年衆議院選挙や2022年参議院選挙など、少なくとも国政選挙のレベルではあまり変わっていないように思います。

ただし、少なくとも2013年時点においては、ネット選挙活用と選挙結果の間には顕著な影響関係を観察することはできなかったようです。西田氏は、2013年当時西田氏が在籍していた立命館大学と毎日新聞の共同研究の結果を次のようにまとめています。[*29]

参院選（7月4日公示、21日投開票）が自民党の大勝に終わったのを受け、毎日新聞と立命館大は、参院選で解禁されたインターネット選挙運動（ネット選挙）が当落に与えた影響を分析した。選挙区で2人しか落選しなかった自民党や、惨敗した民主党の候補者では、ネット上の運動量と得票数の間に相関は認められず、ネット選挙は大勢に影響しなかったと言える。

ソーシャルメディアが作った大統領

ネットによる選挙活動が盛んなアメリカに目を向けると、ドナルド・トランプ氏という米国のある政治家は次Xを最も有効に使った政治家の存在について触れざるを得ません。米国のある政治家は次のように述べました。[*30]

政治の世界でこんなことは初めてだ。これはたまに行われる集会ではない。これは、四六時中ツイッターで行われている継続的なトランプ集会なのだ。彼は毎日ツイッターのスタジアムを埋め尽くしている。

最終的に8000万人を超えるフォロワーを有した**トランプ氏のXアカウントは、まさに彼専用の新聞として、トランプ氏を支え続けました**。特定の人物や組織などに有利になるような情報操作を行う者を「スピンドクター」と呼びますが、まさに大統領自身がスピンドクターとなった非常に興味深いメディア現象だったといえます。

トランプ氏は大統領就任後、攻撃的な投稿を繰り返しました。批判の矛先は対立政党の民主党にとどまりませんでした。例えば、ワシントン州地裁が中東・アフリカ7か国からの入国を制限する大統領令を差し止めると、「1人の判事が（入国）禁止を解いたせいで、とても悪く危険な人々が多数、我々の国に押し寄せてくる。ひどい決定だ」（2017年2月4日夜）と投稿しました。[*31] このように司法判断を批判するような投稿を大統領自らが行うというのは前代未聞です。

彼の批判の矛先は主要メディアにまで及び、CNN、ABC等の主要テレビ局、ワシントンポスト、ニューヨークタイムズ等のリベラル系新聞に対して、「フェイク」を垂れ流していると痛烈に批判しました。CNNの調査によると、トランプ前大統領は、2017年の就任後2018年までの間に、「フェイクニュース」という言葉を404回も発していました。**自分の気に入らない情報を「フェイクニュース」と呼んで非難していたのです。**[*32]

トランプ氏は次のように発信しています。

「私のソーシャルメディアの使い方が大統領らしくないわけじゃない。今どきの大統領らしいんだ」（2017年7月1日）

このようなトランプ氏のアカウントですが、2021年にいったん終わりを迎えます。きっかけは同年に起こったアメリカ合衆国議会議事堂襲撃事件です。トランプ氏の支持者らが、「2020年の大統領選挙でバイデン陣営に不正があった」と主張して連邦議会の議事堂を襲撃し、死傷者が出ました。これまで少なくとも1000人以上が訴追されている前代未聞の事件、アメリカの民主主義を揺るがす大事件でした。

米国下院特別委員会はこの事件の経緯を調査し、トランプ氏が少なからぬ扇動を行ったと非難しています。[*33] 実際トランプ氏は、「2020年（大統領）選挙に負けたというのは、統計的にありえない。1月6日に（ワシントン）DCで大きな抗議デモを行う。そこに来てくれ、ワイルドになるぞ」などと投稿していました。暴動の当日も扇動的な投稿を繰り返し、「Twitter社（当時）は、トランプ氏のアカウントを凍結しました（この時は一時的な凍結でしたが、後に永久凍結となっています。もっとも、イーロン・マスク氏が同社を買収後、トランプ氏のアカウントは復活しています）。

以上が、大統領であると同時にスピンドクターだった世界一有名なXユーザの顛末です。トランプ元大統領の事例が象徴的ですが、**アメリカではネット世論が選挙等に大きな影響を与えるといわれており、政治家もそれに自覚的で様々なネット戦略を駆使します。**

このことは、民主主義にどのような影響を与えるのでしょうか。続いて、ネット世論のバイアスの影響に着目して解説します。

ネット世論にバイアスがあると何が問題か

ネット世論にバイアスがあると何が問題なのでしょうか。それは、ネット上の偏った言説が人々にゆがんだ影響を与え得ることです。

メディアと世論の関係というテーマは、これまでも多くの研究者が取り組んできました。その中でも金字塔的な位置づけにあるのが、1940年代にアメリカの社会学者ポール・ラザーズフェルド（Paul Lazarsfeld）が行った研究です。[*34] まずはこれを紹介していきましょう。

ラザーズフェルドは、オハイオ州エリー郡でパネル調査を行いました。パネル調査とは、同一の対象者に期間を空けて同じ質問を行う調査手法です。この調査では、7か月間にわたって一人当たり7回もの面接調査が行われました。ラザーズフェルドは、この調査によって、メディア（新聞やラジオにおける政治広告など）が人々の投票先の決定に与える影響を明らかにしようとしました。ところが、この調査が明らかにしたことは、**人々の投**

票先はそもそも変化しにくく、態度を変えるにしてもマスメディアよりも周囲の人々からの影響力が強いということでした。

さらに、人々の投票先は、社会経済状態や宗教などの社会的属性からほとんど予測可能で（例えば、農村部の福音派は共和党支持など）、当初投票しようと思っていた候補者と対立する候補者へ投票意図が変化した回答者は全体のわずか12％でした。

マスメディアの影響に関しては、70％程度の人が、元々支持していた政党の宣伝に主として接触しており、対立する政党の宣伝に接していた回答者はわずかでした。また、支持政党を決めていなかった人も、社会経済的属性から予測される支持政党の宣伝に主に接触していました。このような状況では、マスメディアの影響を受けて支持政党を変更するなどということはあまり考えられません。[*35]

一方で、調査期間中に投票先を変更した人に話を聞くと、周囲の人々の話を聞いて影響を受けたということでした。ラザーズフェルドは、人々の影響源となる人のことを「オピニオンリーダー」と名付けました。このオピニオンリーダーは、マスメディアに多く接触していました。従って、**マスメディアの情報は、オピニオンリーダーを通じて口コミで人々に届けられるという、「コミュニケーションの二段の流れ」仮説**がここで提唱されました。

メディアが持つ議題設定機能

ラザーズフェルドの研究をきっかけとして、マスメディアは強い影響を持たないという「限定効果論」が学術研究の世界で支配的になりました。１９４０年代から１９６０年代ごろの話です。

その後、１９７０年代以降になると、今度は、「新しい強力効果論」と呼ばれる研究群が登場します。その中でも代表的なものが「議題設定機能」と呼ばれるマスメディアの効果です。これは、アメリカにおけるコミュニケーション学の研究者M. E. McCombs氏とD. L. Shaw氏による実証研究により明らかにされました。[*36] 彼らは、選挙期間中にニュース番組や新聞で扱われている争点について調査すると同時に、有権者にも選挙における重要な争点が何かを尋ねました。そして、両者がどれだけ似通っているかを分析しました。

この調査により、マスメディア報道と有権者の頭の中の争点は関連していることが明らかになりました。つまり、**マスメディアは、人々の投票先を変えるほどの効果は持っていないかもしれないけれども、人々が何について考えるかを規定するくらいの効果は持って**

いることが確認されたのです。

McCombsとShawの時代にインターネットはありませんでしたが、議題設定機能研究は現代まで続いており、インターネットやソーシャルメディアにおける文脈で実証研究が行われています。2012年アメリカ大統領選挙の際には3800万件の投稿を収集した大規模な調査が行われました。[*37][*38] その結果、Xにおけるメディアのアカウントが発信する情報は、一般ユーザへの議題設定機能を有しているということが明らかになりました。

ソーシャルメディアは感情を伝染させる

一方で、日本で行われた研究では、早稲田大学教授の小林哲郎氏と長崎大学准教授の一藤裕氏による実験調査が興味深い結果を提出しています。[*39]

実験の焦点は、2013年当時大阪市長で、最も多くのXフォロワーを有していた橋下徹氏の投稿に接触することが、橋下氏が提起する政治イシューに関する知識、政治家としての橋下氏に対する評価、橋下氏に対する包括的な好き嫌い、投票行動に影響を与えるかどうかを検証することにありました。

700名以上の被験者を2グループに分け、片方のグループ（介入群）には橋下徹氏、安倍晋三氏、細野豪志氏をフォローして継続的にタイムラインを見てもらい、もう片方のグループ（コントロール群）には安倍晋三氏と細野豪志氏のみフォローして継続的にタイムラインを見てもらいました。両グループの違いは、理論上、橋下徹氏をフォローしているか否かのみになります。安倍晋三氏と細野豪志氏もフォローしてもらったのは、実験の意図が被験者にばれないようにするためです。その結果、介入群には、橋下氏に対する包括的な好き嫌いのみにプラスの効果がありました。

このことを筆者なりに解釈すると、感情レベルでのみXの効果があったのではないかと考えられます。つまり、**140文字という短い文章では、個人の政治知識を増やしたり、投票行動を変えたりするまでには至らないけれども、感情的な反応は呼び起せるのではないか**、という話です。

実際、Facebookとコーネル大学が2014年に発表した論文によると、ソーシャルメディア上で感情の伝染が起こることが分かりました。[*40] 研究チームは、百万人単位のユーザを対象に、一部のユーザにはネガティブなニュースがあまり表示されないようにし、別のユーザにはポジティブなニュースがあまり表示されないようにニュースフィードを操作しました。その結果、前者のユーザはネガティブな投稿が減少すると同時にポジティブな投稿が増加したのに対し、後者のユーザはポジティブな投稿が減ると同時にネガティブな投稿が増えました。つまり、**ソーシャルメディアには感情を伝染させる力があるのです。**ただしこの実験は、被験者の了解を得ていなかったため、倫理的に問題があるとして物議を醸しました。

以上から、インターネットやソーシャルメディアは、ある程度は人々に影響を与える可能性があるのです。だからこそ、影響源であるXにバイアスがあると、それは民主主義に良くない影響を与える可能性があります。

4 インターネットは社会を分断するのか？

生成されるフィルターバブル

それでは、インターネットは民主主義の敵なのでしょうか。

インターネット上の情報には、マスメディアからの情報にはない、いくつもの「クセ」があります。順番に確認していきましょう。例えばGoogle検索で、「ラーメン」と検索したとしましょう。私は現在、京都市の四条烏丸でこの原稿を書いているので、四条烏丸にあるラーメン屋が上から表示されます。しかし、私が千葉県の幕張に住んでいた時は、幕張のラーメン屋が上から順番に表示されました。Google検索は賢いため、検索者の位置情報から、検索者にとって最も有益となる情報を提示してくれるのです。このような機能を「フィルタリング」といいます。

フィルタリングは至る所に見受けられます。動画配信サイトを例に取ると分かりやすいでしょう。例えば、Netflixのトップページには、「あなたにイチオシ！」というリストがあります。Amazon primeのトップページにも、「あなたが興味のありそうな映画」というリストがあります。これらは、我々の動画視聴履歴に基づいて、我々が気に入りそうなジャンルやテイストの映画やドラマを、プラットフォームがレコメンドしてくれているわけです。つまり、**提示される情報は個人の好みによって異なる**のです。ネットニュースのニュース配置や、ＥＣサイトのレコメンド機能も同じように、我々のクリック履歴や購買履歴から、我々が欲しそうな情報や商品を予想して、我々に提示してくれているのです。各サイトにプログラムされた**アルゴリズムが、このような「あなた向けの情報」を編集してくれている**のです。

フィルタリングについて、「とても良い機能ではないか」とポジティブに評価される方もいらっしゃるかもしれません。しかし、インターネット研究の文脈においては、「フィルターバブル」が生じるとして、どちらかといえばネガティブに評価されています。フィルターバブルとは、アルゴリズムによって、利用者が好ましいと思う情報ばかりが提示されることにより、一方的な見地に立った情報しか手に入らなくなる状態（山口真一氏による定義）のことをいいます。例えば、私は一時期、Amazon primeで医療関係のドラマや映画を観るのにハマっていたのですが、プラットフォームのレコメンドに従う限り、私は永遠に医療関係の作品ばかりを見続けて、趣味の幅が広がらないといった事態が想定されます。

フィルターバブルが、趣味の領域だけで生じているのであれば、それは大きな問題とはならないかもしれませんが、政治や経済・社会に関する情報でフィルターバブルが生じると、非常に厄介な問題が発生します。学術研究の文脈で、フィルターバブルがネガティブに評価されたのも、まさにそうした文脈においてでした。

エコーチェンバーで進む意見の固定化

このことを最も初期に指摘したのは、アメリカの法学者、キャス・サンスティーン（Cass Sunstein）氏でした。

彼は『インターネットは民主主義の敵か』と題された書籍[*41]の中で、政治系ウェブサイトのリンク先の傾向を示しています。サンスティーン氏の調査によると、政治系ウェブサイトは自身と同意見のウェブサイトばかりにリンクしていました。つまり、リベラル系のウェブサイトを訪れた人はリベラル系のウェブサイトばかり、保守系のウェブサイトを訪れた人は保守系のウェブサイトばかりを目にすることになるのです。これが政治的情報の文脈におけるフィルタリングです。

このようなことは、現代のソーシャルメディアにおいては容易に想像がつきます。例えば、トランプ支持の政治的傾向を持った人が、X上で、トランプ支持のアカウントばかりをフォローし、トランプ氏に好意的な投稿ばかりに「いいね」やリポストをしていた場合、その人のタイムラインはトランプ氏に好意的な情報であふれかえってしまいます。Xのアルゴリズムが、「この人はトランプ氏に好意的な情報が好きなんだな」と分析をして、気に入りそうな情報を提示するようになるからです。さらに、アルゴリズムは、同様にトランプ氏に好意的な傾向をもったアカウントを、「おすすめのユーザ」として推薦してきます。**ソーシャルメディアのアルゴリズムは、似たような人のクラスタ化を促す作用がある**のです。

これはややまずい状況です。世の中には、トランプ氏に批判的で、バイデン氏を支持している人もたくさんいます。にもかかわらず、トランプ支持者のXを覗いてみると、トランプ氏に好意的な情報ばかりで、あたかも世の中はトランプ支持者ばかりなのだと錯覚をしてしまいます。これがフィルターバブルに陥った状態です。

さらに悪いことに、前述のような状態が続くと、「エコーチェンバー」という現象が生じます。エコーチェンバーとは、閉じたコミュニティの中で同意見ばかり飛び交う環境に身を置くと、意見が過激化・固定化される（山口真一氏による定義）という現象です。トランプ支持者は、ソーシャルメディアやネットニュースで、日ごろからトランプ氏に好意的な情報にばかり接します。そしてフィルターバブルに陥っているがゆえに、そこから抜け出すことはできないのです。その結果、さらにトランプ氏に好意的な考えになってしまうという現象がエコーチェンバーです。

逆も然りで、バイデン支持者は、普段からバイデン氏に好意的な情報にばかり接します。その結果、さらにバイデン氏を好きになるという現象が想定されます。そして、トランプ支持者とバイデン支持者は接触することがないのです。２０２４年６月現在、アメリカ大統領選挙まであと数か月ですが、トランプ支持者とバイデン支持者では、見ている世界が全く異なるという現象が起きているのではないでしょうか。**これが分断です。**

可視化される社会的分断

実際、こうした現象を指摘する実証研究の事例は数多くあります。ソーシャルメディア研究界隈で最も有名な例は、２０１６年アメリカ大統領選挙時における、Twitter 上のトランプフォロワーとクリントンフォロワーの乖離です。

マサチューセッツ工科大学の研究者らは、トランプ支持者のアカウントが、他とあまりかかわりをもたず、孤立している様子を可視化しました。*42 これが、多くの人がトランプ氏の勝利を予想できなかったからくりです。つまり、主流メディアやジャーナリストは、クリントン支持者の近くにおり、トランプ支持者とはほとんどかかわりをもっていなかったのです。言い換えると、彼らのタイムラインを見る限り、トランプ支持者がこれほど多く存在することには気づけない状態になっていたのです。

また、リポストのネットワークから分極化を示した研究もあります。[*43] ２０１０年のアメリカ連邦議会中間選挙の際に、４万５０００以上のアカウント、25万件以上の投稿が分析されました。これらの投稿のリポストネットワークを調査したところ、リベラル派と保守派の間にはほとんどつながりがないことが明らかになりました。

日本においても、社会的分断を示す研究事例は存在します。２０２２年9月に、安倍元首相の国葬が、賛否両論の中で執り行われました。海外メディアでも報じられ、ＢＢＣニュースは、「安倍氏の国葬、執り行われる　賛否が割れる中で」と報道し、[*44] ＣＮＮは「国葬をめぐる世論の深い分断を浮き彫りにした」と報道しました。[*45]

東京大学教授の鳥海不二夫氏は、２０２２年7月6日から9月18日までの期間における、「国葬」を含む投稿（約１６００万ポスト）を全て取得し、ユーザ同士、ポスト同士のつながりに関する分析を行いました。

その結果、クラスタ（似ているポストの固まり）が大きく二つに分かれ、クラスタ「間」を結ぶ線よりも、クラスタ「内」でのポストを結ぶ線の方が圧倒的に量が多いことが示されました。これは、各クラスタの中で、似たような人同士がリポストしあっていることを意味します。**各ユーザがどの程度異なる意見に接していたかは定かではありませんが、少**

なくともリポストに関しては、同じような意見ばかりをリポストしていたことが分かったのです。つまり、国葬賛成派と国葬反対派は分断されていたのです。

個々人の選択がアルゴリズムを作る

しかし一方で、**近年は、インターネットやソーシャルメディアは社会を分断しないという実証研究も提出されています。**近年のトレンドは、具体的なイシューの賛否を問う政治的意向のレベルでの分断と、感情レベルでの分断を分けて考える方法です。

Facebook上のニュースフィードを利用した実験的な研究があります。[*46] 被験者はランダムに、リベラル寄りのニュースサイトか保守寄りのニュースサイトを購読するように促されました。その結果、自身のイデオロギーがどうであれ、被験者は購読したニュースサイトの記事を読むようになりました。つまり、自身は保守的であっても、リベラル寄りのニュースサイトの記事を購読した場合は、リベラル寄りのニュース記事をよく読むようになったのです。これはある意味当然です。

そしてその後、政治的意向と感情レベルでの分断を検証したところ、前者に対する影響の証拠は見つからず、後者については分断ではなくむしろ穏健化をもたらしていることが明らかになりました。この研究は、**ソーシャルメディアのアルゴリズム次第で分極化を促進したり逆に穏健化につながったりすることがある**ことを示す研究として有名です。

日本国内においても、横浜商科大学教授の田中辰雄氏と金沢学院大学教授の浜屋敏氏が10万人規模の調査を行いました。[*47] その結果、人々は自分の意見と異なる情報にも接していることが明らかになりました。具体的には、自身がリベラルであっても、X上で保守の論客を40％程度フォローしていることが明らかになったのです（これは逆も然りです）。加えて、インターネット利用（ブログ、X、Facebook）による少なくとも政治的志向のレベルでの分極化の証拠は見つかりませんでした。

さらに、分極化を生んでいるのはインターネットのアルゴリズムではなく個人の選択であることを示唆する研究が有名学術雑誌Natureに掲載されました。[*48] まず、数百人規模の被験者に、Google検索結果画面及びどのウェブサイトをクリックしたか（検索結果によらない）に関する行動履歴を提供してもらいます。その上で、ニュースサイトの党派性と被験者のデモグラフィック属性（性別、年齢など）及び党派性との関係を数理モデルで探りました。その結果、Google検索結果画面のレベルでは、ニュースサイトの党派的な偏りは見られなかった一方、実際にクリックしたニュースサイトのレベルでは党派的な偏りが見られました。この研究が示唆しているのは、党派性を促しているのは、Google検索のアルゴリズムではなく、ユーザの選択であるということです。

以上のように、インターネットが社会を分断するかという論点に関しては、答えが出ておらず、今でも研究が続けられています。例えば、元々極端な考えを持った人がさらに極端になるに過ぎない、[*49] エコーチェンバーが起こるのは元々極端な人だけである、[*50] 強く感情を刺激された場合のみ極端になるなど、[*51] 条件をさらに細かくして検証が行われています。

ただし忘れてはならないのは、**アルゴリズムに影響を与えているのは、そもそも私たち自身の行動であるということです。**私たちが何を検索したか、どんな投稿や動画を見たのか、そういったことをＡＩは学習します。つまり、アルゴリズムによって社会が分断されるのだとしたら、それは私たちの普段のネット上での行動が回りまわって自分たちに跳ね返ってきているということを意味します。

日本で起きている分断

インターネットと党派性の研究は主としてアメリカで行われています。なぜこうした研究がアメリカで多いのかというと、そもそもアメリカは社会科学の実証研究が盛んという事情もありますが、人々の党派性が比較的はっきりしているという社会的な背景もあるでしょう。4年に一度行われる大統領選挙に代表されるように、アメリカでは、共和党（保守派）と民主党（リベラル派）という二大政党が分かりやすい対立の構図を形成しています。

一方で、日本はどうでしょうか。実証的な成果がまとめられた『政治行動論』[52]（飯田健・松林哲也・大村華子、2015）の記述を参考にしながら、インターネットとの関係を考えてみたいと思います（以下、日本の政治制度や投票行動に係る記述は同書を参考にしています）。

戦後の日本では、自由民主党（保守派）と社会党（リベラル派）が対立構図を形成し、二大政党が政権を争う図式がありました。しかし、1990年代に社会党は分裂し、その図式は崩れました。こうした動きとともに増大したのが無党派層です。戦後を通じて無党派層は徐々に増加し、NHKの世論調査[53]によると、近年は約40％強で推移しています。

また、無党派層は若年層ほど多くなります。この理由は様々に考えられますが、年齢が高くなるにつれて政治に興味を持つようになるという加齢効果、またそもそも年々無党派層が増えているのだから、遅い時代に生まれた有権者ほど支持政党なしになるという世代効果などが指摘されています。そして、インターネットを多く使うのは若年層です。このことを踏まえると、**ネット世論は、最も党派性が薄い層にリーチしている**と考えることができます。田中・浜屋の『ネットは社会を分断しない』において、分極化の証拠が見られなかった背景にはこうした事情も考えられるでしょう。

一方で、前述の国葬の他にも、日本国内で様々な分断が指摘されています。事例としては、2020年11月に行われた、大阪都構想に係る住民投票が挙げられます。[*54][*55] 賛成派、反対派の主張は、全く正反対でした。

- 賛成派「二重行政の解消が必要だ」
- 反対派「二重行政の弊害はない」
- 賛成派「都構想でさらなる成長につなげる」
- 反対派「都構想と成長は関係ない」
- 賛成派「特別区で住民サービスは充実する」
- 反対派「財政が脆弱《ぜいじゃく》になりサービスが削られる」

市民の郵便受けには、連日のように賛成派と反対派のちらしが投げ込まれ、賛否の主張が両極端になされました。市民からは、「何が正解なのかさっぱり分からない」「もう少し冷静な判断材料を」といった声も出ました。さらに、大阪都構想への賛否は大阪のコロナ対応への賛否とも連動しており、コロナ対策について「適切だ」と答えた人の約80％が「賛成」に投票し、「適切ではない」と答えた人の約80％が「反対」に投票しました。[*56]

結果は、1・2ポイントという僅差で反対派の勝利でした。この大阪都構想を巡る住民投票は、大阪における社会の分断を可視化したとの指摘もあります。

学歴による格差と政治への関心

少し話がそれますが、学歴による分断も指摘されています。大阪大学教授の吉川徹氏は、あらゆる側面で学歴によって日本が分断されていることを指摘しています。**2010年代の日本における大学進学率（大学＋短大）は約50％を上回る水準で推移していますが、この50数％と、大学に進学しなかった残りの40数％の間に様々な分断がある**というのです。例えば、以下のような分断です。[*57]

- 壮年大卒男性と若年非大卒男性の稼得力にはおよそ二倍以上の差があり、世帯収入には一日約一万円以上の格差がある。

- 壮年大卒男性における非正規雇用者はわずか5・3％だが、若年非大卒男性の非正規雇用者はそのおよそ2・5倍の14・0％である。
- 非大卒男性の喫煙率は約50％だが、大卒男性の喫煙率は約30％である。
- 若年非大卒男性の52・5％は海外旅行の経験を持たないが、若年大卒女性の海外旅行未経験者は25・9％にとどまっている。
- 若年非大卒男性は、若年層の中では幸福感・満足度が低く、現在志向が高い。

さらに、「子供には、大学以上の教育を受けさせるのが良いと思うか」という質問に対して肯定的に回答する割合も、大卒者と非大卒者では異なっています。大卒者では、年齢ごとに70％台前半から80％台前半で推移している一方、非大卒者では、年齢が上がると若干の上昇傾向はみられるものの、概ね50％前後にとどまっています。*58 つまり、前述のような格差や分断は再生産されるということです。

もう一つ、**日本で起こっている分断で最も深刻なものは、政治に関心がある人と関心がない人の格差ではないでしょうか。**日本における国政選挙の投票率は年々下落傾向にあり、直近衆議院選挙は55％程度、参議院選挙は50％程度で推移しています。[59] つまり、約半分ほどの人が投票をしていないということです。

また特に若者の選挙離れは深刻で、20歳代の投票率は衆参ともに30％台で推移しています。[60] そのように考えると、比較的若者が利用しているX上で政治的な投稿をする人たちは、政治に関心があるこの30％で、70％程度の人はそもそもX上の政治的議論に感知していないという構図が想定されます。ただ、これはあくまで想定ですので、次章以降でデータにより明らかにします。

この分断は、ネット利用との関係で考えるとより深刻です。前述のとおり、インターネットやソーシャルメディアではアルゴリズムがはたらいており、フィルターバブルが起こっています。つまり、**政治に関心がない人は政治関連のニュースを全く見ずに日々を過ごすことが可能なのです。**

関連する研究を見てみましょう。2014年に2000名以上を対象に実施した調査[61]によると、ニュースアプリ利用とX利用は政治知識の差の拡大をもたらしていました（一方で、ポータルサイト、新聞社サイト、2ちゃんねるまとめサイトの利用は差の縮小をもたらしていました）。この調査をした論文は、「このままでは決して『メディアを通じた接触によって情報の偏りが解消される』明るい未来が拓けているとはいえない」[62]と結論付けています。

第2章　データが示す実態

——ネット世論の分布

本章からは、いよいよデータを使った実証研究の結果を見ながら、日本のネット世論の動向について考えていきましょう。

1　2021年衆議院議員選挙を解剖する

データ分析の方法

本節では、2021年の衆議院選挙の際に、私が実際に行った実証研究の結果を解説します。この研究で問うたのは、選挙期間中のX空間における世論はどのようなものであったか、ということです。以下、データ分析の方法を述べます。

まず、X Search API[*1]（調査当時はTwitter Search API）を用いて、選挙期間中（選挙公示日の10月19日から投開票日前日の10月30日まで）の投稿のうち、「自民党」または「自民」または「自由民主党」を含む投稿を全て収集しました（合計364万2551ポスト、うちオリジナルポスト57万6376ポスト）。各投稿を、自民党に批判的（反自民党）、ニュートラルまたは態度不明、自民党に賛成的（親自民党）に分類し、数をカウントすることによって、ネット世論の分布を可視化しようというのがねらいです。

しかし、対象となった投稿は、オリジナルポストだけでも57万6376ポストありま す。これらを一つひとつ、人間の目で確認して分類していくのは途方もない作業です。そこで、深層学習（ディープラーニング）を用いた教師あり機械学習の方法によって各投稿を分類しました。具体的な方法については、非常にテクニカルな話になるのでごく簡単に解説しておきます。

教師あり機械学習とは、人間が対象にラベルを付けることによって教師データ（「お手本」となるデータ）を作成し、それをAIが学習することによって、未知の対象があらわれた時にAIが適切にラベル付けできるようにすることをいいます。今回は、分析対象の投稿から1500件をランダムに抽出し、筆者及び共同研究者が目視で「反自民党」「ニュートラル」「親自民党」のラベルを貼っていきました。これを教師データとしてAIが学習し、残りの50万件以上の投稿に三つのラベルのうちどれかを貼っていくのです。

0・2%のアカウントから世論が生まれる

このようにして、AIによって投稿の分類を行った結果を**図表2－1**に示します。結

	オリジナルポスト数	合計ポスト数	割合（合計ポスト数）
反自民党	292,653	1,882,265	51.7%
ニュートラル	214,947	1,133,253	31.1%
親自民党	68,776	627,033	17.2%

図表2-1　2021年衆議院選挙における自民党に言及した投稿の内訳
（出典）筆者作成

果は、全投稿の過半数（51・7%）が反自民党でした。次いで多いのは、ニュートラル・態度不明に分類される投稿（31・1%）、親自民党に分類される投稿は一番少ないという結果になりました（17・2%）。

反自民党的な投稿約190万件の拡散の様子について、もう少し詳しく見てみましょう。この拡散のもととなったオリジナルポスト約29・3万件は、8万6118のアカウントによってなされました。一人が複数のアカウントを運営していることを度外視すると、10月19日から30日までの間に、少なくとも8万6118人の人が自民党に批判的なポストをしたことになります。

図表2-2をご覧ください。この図表は、y軸が拡散数、x軸に拡散数が多いアカウントを上位から順に並べています。つまり、一番左端のアカウントは反自民党ポスト拡散数1位（ちなみに拡散数は5万3446です）のアカウント、その右隣り（というより下）は拡散数2位のアカウント……という形となります。ほとんどのアカウントがx軸に平行な直線の

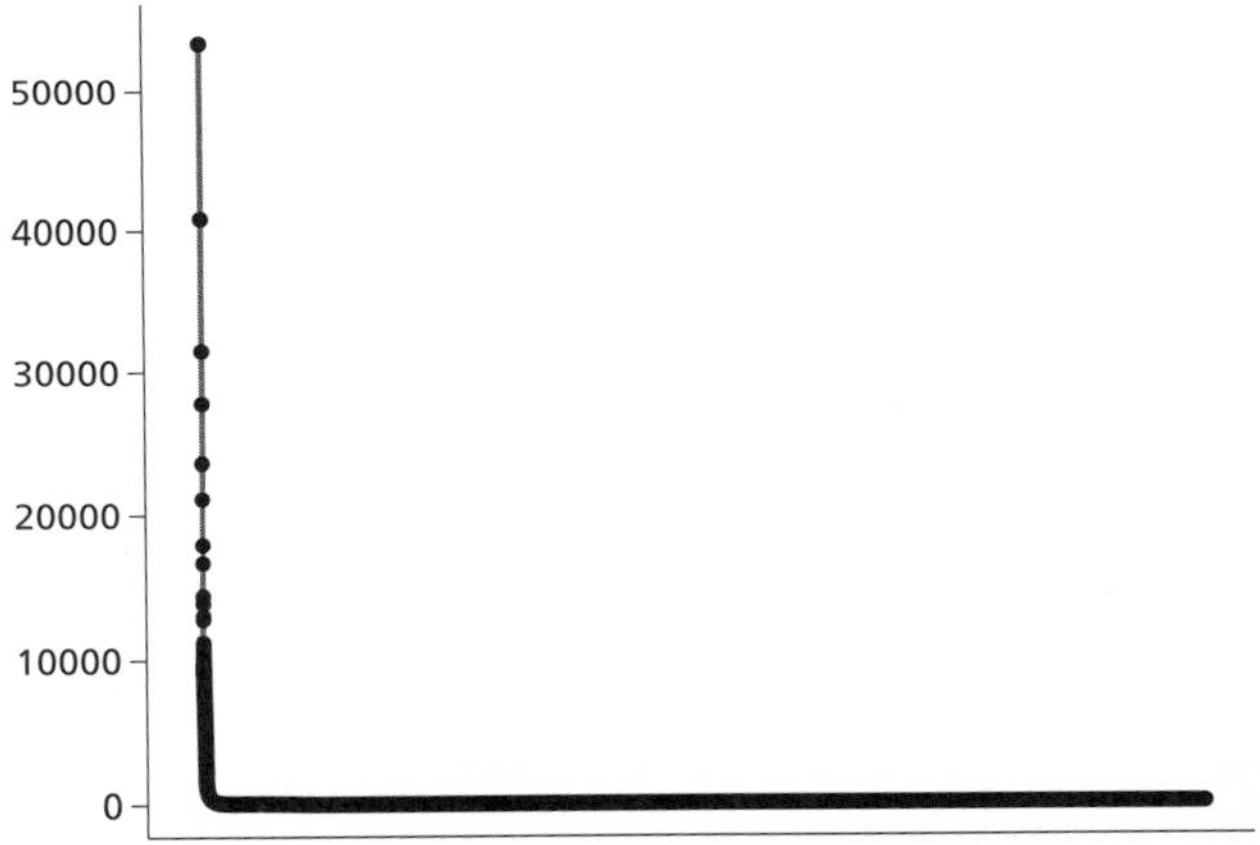

図表2-2　2021年衆議院選挙における反自民党的な投稿の分布
（出典）筆者作成

ように見えるのは、多くのアカウントが拡散数１（つまり一度もリポストされておらず自身の一回のポストのみ）ということを表しています。

この図表から分かることは、**少数のアカウントによるオリジナルポストが世論形成の大部分を担っている**ということです。実際、約１９０万件の拡散のうち、約52％の拡散数が、わずか２００のアカウント（約０・２％）によるオリジナルポストから発生しています。すなわち、少なくとも10月19日から10月30日の投稿においては、０・２％のアカウントが約52％のX世論を作っていたことになります。ここで注意していただきたいのは、

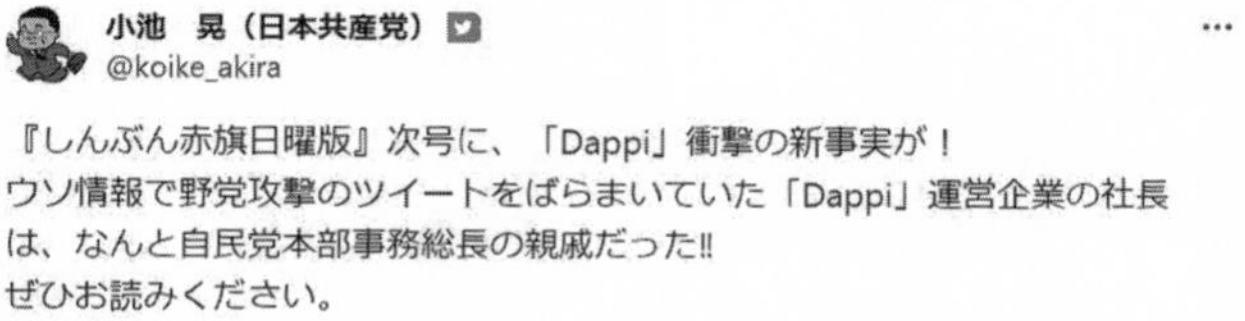
小池　晃（日本共産党）
@koike_akira

『しんぶん赤旗日曜版』次号に、「Dappi」衝撃の新事実が！
ウソ情報で野党攻撃のツイートをばらまいていた「Dappi」運営企業の社長は、なんと自民党本部事務総長の親戚だった‼
ぜひお読みください。

図表2-3　小池晃議員による投稿（投稿に添付されていた画像は権利の関係上省略した）
（出典）X.com

リポストは他のアカウントによってなされますので、多くの人が拡散に関わった事実はあるということです。ただ我々の手元のタイムラインに表示される言説のほとんどが、ごく少数の人によるつぶやきであるということです。

ちなみに、拡散数1位のアカウントは小沢一郎事務所の公式アカウント、2位は一般市民、3位のアカウントは既に削除されていたため確認ができませんでした。また、最も拡散された投稿はリポスト数9422回の、共産党の小池晃議員による投稿でした（図表2－3）。

以上のように、わずかなアカウントによる投稿が広く拡散され、あたかも「ネット世論」であるかのような様相を呈することはよくあります。例えば、ネット上の炎上現象を例にとってみましょう。国際大学の山口氏が具体的な炎上事例をいくつかピックアップして調査したところ、次のようなことが明らかになりました。[*2]

まず、炎上に参加する（書き込みをする）人の数は炎上1件当たり2000〜2500人程度。これがX上で起こったとして、それら書き込みをリポストやURLのシェア等で拡散する程度は、オリジナルの投稿者数の21・4倍でした。例えば、2000人が炎上に参加したとして、リポストやURLのシェア等を含めた総投稿数は4万2800件となります。これがさらに各ユーザのフォロワーの目にとまることになります。2016年時点での平均フォロワー数は648で、このうち10％がその炎上を目にすると仮定すると、**わずか2000人が参加した炎上ネタを、約280万人の人が目にすることになります**。これにさらに、まとめサイトやネットニュースでの取り上げが行われると、より多くの人が目にすることになります。しかし、当初炎上に書き込みを行った人はわずか2000人でした。

以上のように、オリジナルの炎上参加者は非常に少なくても、それを目にする人は非常に多くなるという現象がソーシャルメディアでは生じるのです。

投稿の拡散状況

次に、各分類におけるリポスト数の平均を見てみましょう。一番多い分類は親自民党に分類される投稿でした（8・12回）。次いで反自民党の分類（5・43回）、ニュートラル（4・27回）でした。親自民党派の人たちが、リポストを頑張ったということでしょう。あるいは、親自民党に分類される投稿には、自民党候補者による宣伝ポストも含まれているため、それが突出してリポストされやすく、平均値を引き上げているのかもしれません。

実際に、親自民党に分類される投稿の上位100ポストを分析してみたところ、自民党関係者（自民党候補者、自民党議員、自民党の公式アカウント）による投稿が46件で、約半数を占めていました。その中には、安倍元首相や岸田文雄総理自らの投稿も含まれています（図表2-4）。投稿の内容は、自民党候補者への投票を呼び掛けるとともに、演説の時間をお知らせするものが多いように見受けられました。

注意が必要なのは、リポスト数という数字に関して、平均値がどの程度代表的か（どの程度情報を要約できているか）かという問題です。平均値は、極端に大きい数や極端に小さい数（外れ値）の影響を強く受けてしまいます。従って、仮にそれぞれの投稿のリポスト数は少なくても、ある一つの投稿が極端にバズって何回もリポストされると、平均値は跳ね上がってしまうのです。また、ほとんどの投稿のリポスト数は0なので、その影響も強く受けます。

岸田文雄
@kishida230

#衆院選 は大変厳しい情勢です。しかしこの国難の中にあって政策を実行していくために、絶対に負けられない選挙です。
残り5日間、日本各地での街頭演説や #車座対話 を通して、お一人おひとりの声を #岸田ノート に受け止めてまいります。

どうかこの岸田に、自民党に、お力を与えてください！

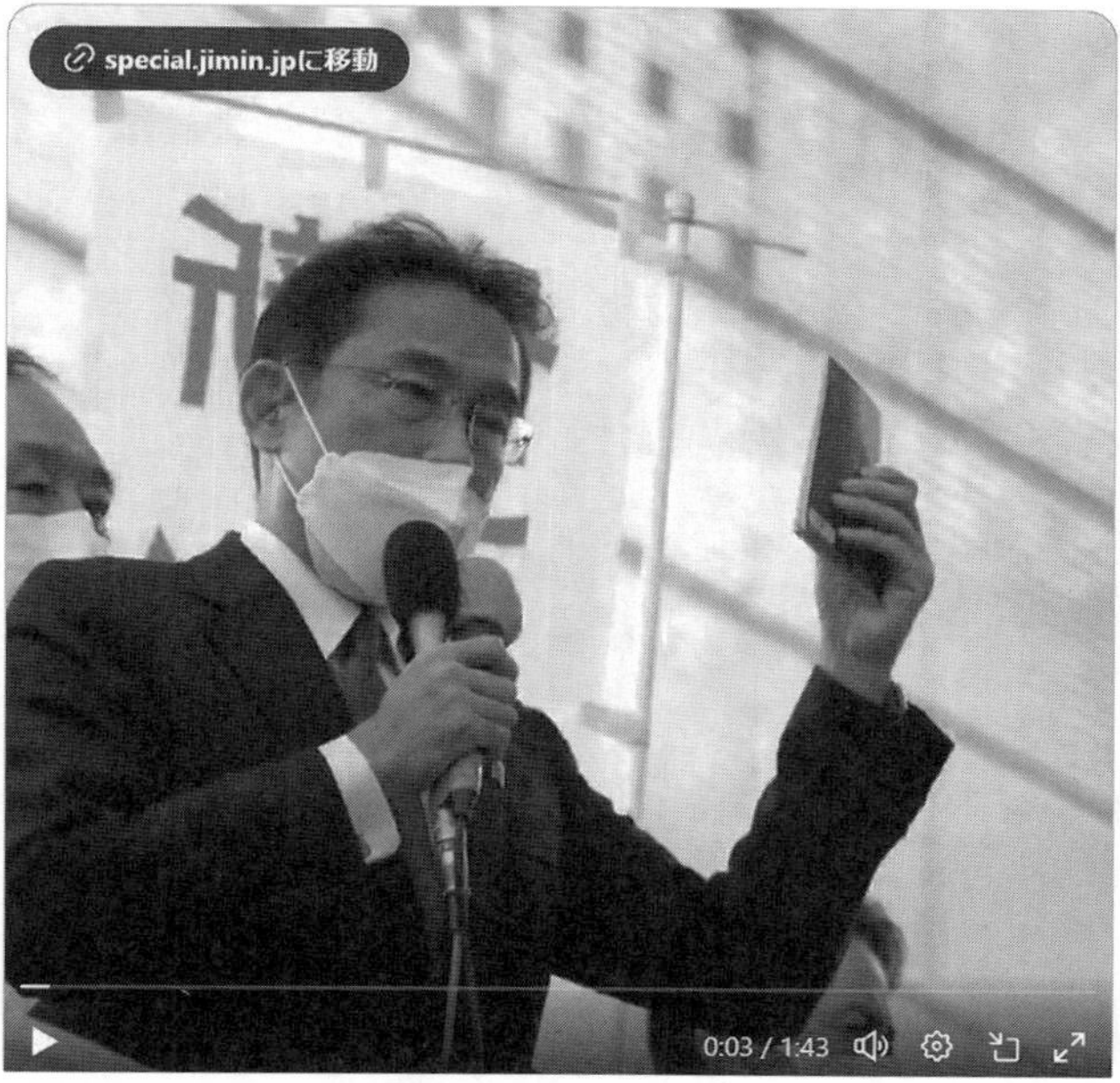

図表2-4　岸田総理による投稿
（出典）X.com

実際、リポスト数の分布が正規分布（分布の中央付近にデータが集中している山なりの分布のこと）かどうかの検証を行ったところ、正規分布であるとする仮説は棄却されました。つまり、リポスト数の分布が正規分布であった場合、今回のデータのような分布が現れる確率は限りなく小さいということです。この場合、ノンパラメトリック検定という特殊な統計的検定を行って、各分類におけるリポスト数の水準に差があるかどうかを検定します。その結果、リポスト数の水準の大小関係は、リポスト数の平均値の大小関係と同じ差があることが検証されました。つまり、親自民党∨反自民党∨ニュートラルという大小関係が支持されました。

以上確認してきたように、リポストに関しては親自民党派の人々が頑張ったものの、トータルの投稿数では反自民党派が圧倒的でした。次にこれを、実際の選挙結果と比べてみましょう。

実際の選挙結果を**図表2―5**に示します。2021年衆議院選挙においては、自民党が多くの議席を獲得しました。自民党に投票した多くの人は、X上では少数派だったのです。X上の世論と選挙結果には大きな乖離があります（ただし、各政党の得票率との関係は別途検討が必要ですが）。このような例は日本だけではありません。イギリスでも、実際の選挙結果は保守党の議席数の方が多かったにもかかわらず、選挙期間中のXは労働党支持者の方がアクティブだったという研究があります。[*3]

アンケート調査による分析

ただし、選挙結果は世論というには汚すぎるデータです。第1章の世論調査に関する解説を思い出してください。選挙結果は「投票に行った人」の声であり、確率サンプルではありません。従って、選挙結果から世論を推測することはできません。

		獲得議席数
与党	自由民主党	261
	公明党	32
野党	立憲民主党	96
	日本維新の会	41
	国民民主党	11
	日本共産党	10
	その他	14

図表2-5　2021年衆議院選挙の結果
（出典）NHK衆議院選挙2021特設サイトをもとに筆者作成

そこで筆者は、選挙期間中にアンケート調査を行いました。２０２１年衆議院選挙投開票日の直前、10月14日から17日にかけて、インターネット調査会社のモニターを対象にアンケート調査を実施しました。サンプルサイズは１４００名です。

ここで、本章及び次章で使用するデータについて重要な注意書きをしておかねばなりません。本章及び次章で使用するアンケート調査によるデータはすべて、インターネット調査会社に委託して実施したものです。従って回答者の母集団は「インターネット調査会社のモニター」で、回答者は「自ら進んでアンケートに回答した人」ということになります。第1章で述べたような厳密な世論調査とはやや遠いものであることには留意せねばなりません。母集団は有権者全体ではありませんし、依頼メールはモニターにランダムに配信されてはいますが、回答者がランダムに選ばれているわけではありません（ただし、性別及び年齢層の構成比は日本社会の構成比と一致させています）。

本書ではアンケート調査の結果を便宜上「世論」と呼ぶことがありますが、そのような留保がついていることは意識してください。つまり、本書でいうところの「世論」も、ネットユーザ、それもインターネットのアンケートに参加するような比較的ヘビーユーザの声なのです。関連研究によると、インターネット調査の回答者は社会に対する不安や不満を表明する割合が高くなるようです。*4

なお、アンケートの実施に当たっては、回答いただく際、回答内容を学術研究目的で分析・公開することについて回答者から同意をいただきました。また、アンケート調査は、神田外語大学研究倫理審査の承認を得て実施されたものです。

さて、そのようなインターネット調査ですが、その中で次のような質問を行いました。


【質問】

あなたは自民党に対してどのような気持ちをお持ちですか？　最も近いものを1つお選びください。

【選択肢】

好きである、やや好きである、どちらかといえば好きである、どちらともいえない、どちらかといえば嫌いである、やや嫌いである、嫌いである

この質問により、世間の人々の自民党に対する感情を図ろうということがねらいでした。結果を**図表2－6**に示します。

第1章でも述べましたが、世間の多くの人は、常日頃から自民党について考えているわけではありません。その結果、「どちらともいえない」及び「どちらかといえば好きである」「どちらかといえば嫌いである」が多い、山形の分布となります。ただし注目すべきは、「嫌いである」を選択した人が「どちらともいえない」に次いで多く14・14％を占め

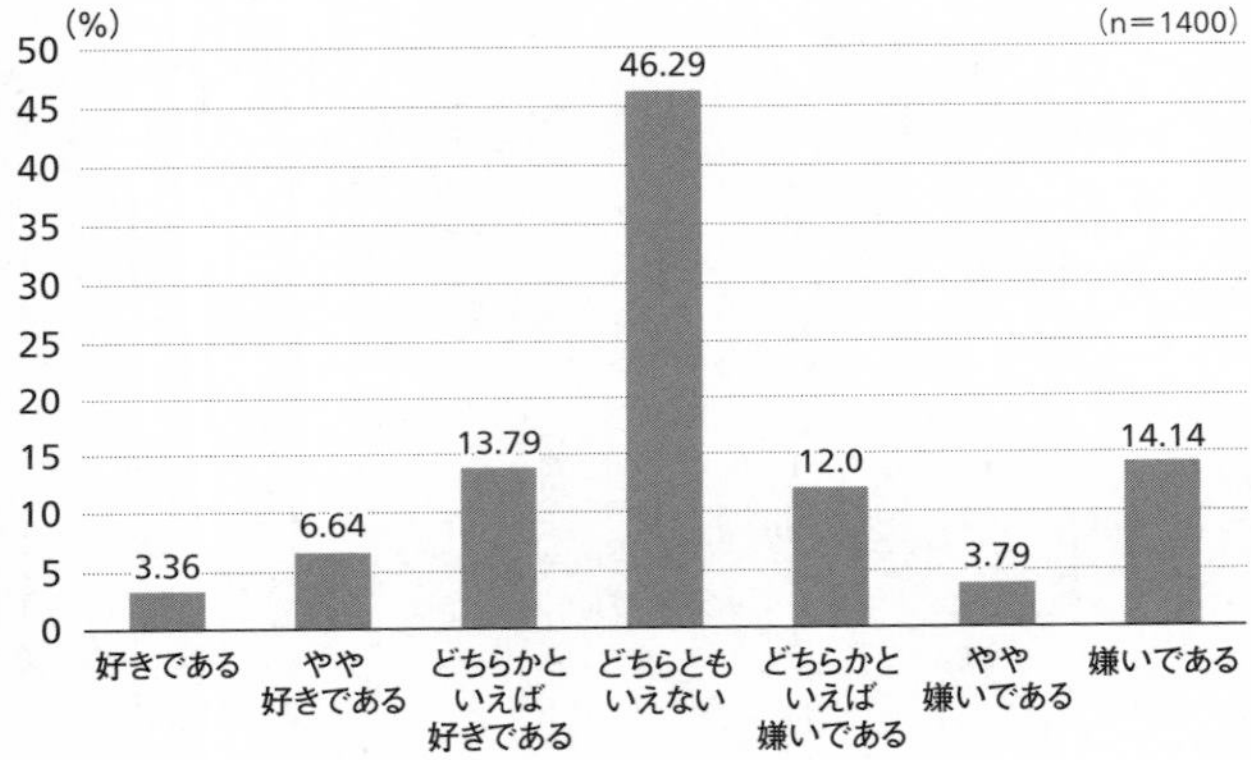

図表2-6　自民党への感情の分布
（出典）筆者作成

ていることです。自民党に関しては、はっきりとしたアンチ層が存在しているのです（もっともこの点は、社会に対する不満を表明しやすいインターネット調査回答者の傾向を反映しているのかもしれません）。自民党の政治献金問題が注目を集めている2024年現在、この層はもっと増えているかもしれません。この層が投稿やリポストを頑張ったということがいえる可能性があります。

いずれにせよ、**図表2-6**で示したアンケート回答者の世論の山形の分布と、**図表2-1**で示した反自民党ポストが過半数を超えるという状況には乖離があります。

以上の結果には、次のような意見を持つ方もいらっしゃるかもしれません。「Xを

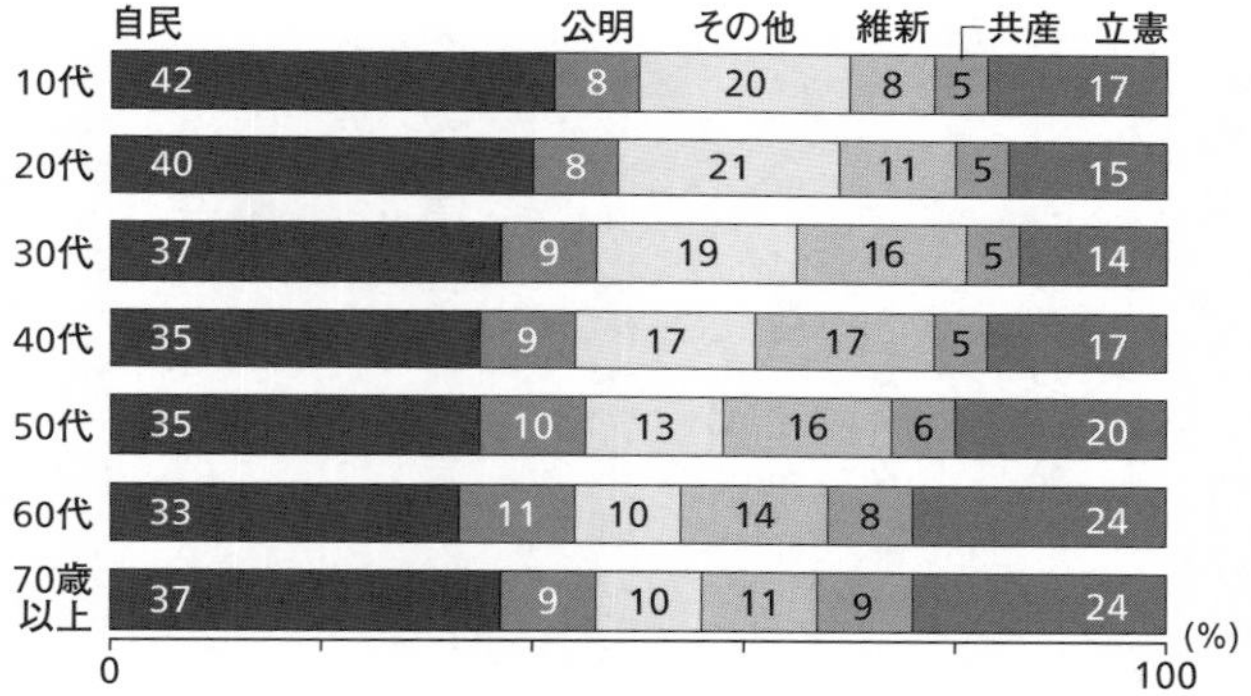

図表2-7　年齢層別投票政党（2021年衆議院選挙時）
（出典）朝日新聞DIGITAL（2021.11.1）「自民の若者人気に陰り? 立憲は高齢者頼み続く 衆院選出口調査分析」, https://www.asahi.com/articles/ASPC10GT4PBYUZPS002.html

やっている人は若者が多い。一方で、投票率は高齢者層の方が高い。高齢者層は若者より自民党支持者が多いから、Xと選挙結果がズレるのは当然である」……この主張についてはどのように考えることができるでしょうか。

この主張の核心は「高齢者層は若者より自民党支持者が多いから」という部分ですが、この点は安易に首肯できないのです。2021年11月1日付朝日新聞DIGITALの記事には、**図表2-7**のようなグラフが掲載されています。これは、2021年衆議院選挙における年代別の比例区投票先（出口調査）です。グラフを見ると、10代と20代で自民党への投票率は40%以上となっており、むしろ高齢者層よりも自民党への投票率が高い様子が見て取れます（もっとも、この程度の差は誤差の範囲内だと思われますが）。いずれにせよ、X利用者が若者に偏っていることからだけでは、X空間が反自民党的な意見であふれていることは説明ができないのです。

実際の世論とネット世論にはズレがある

以上をまとめると次のようになります。

教師あり機械学習を用いて、自民党に言及した全57万6376ポストを分類したところ、半数を超える51・7%が反自民党ポストでした。ただし、1投稿あたりの平均リポスト数は親自民党に分類される投稿の方が大きいことが観察されました。一方で、実際の選挙においては自民党が多数の議席を獲得しました。アンケート調査により、自民党への感情を尋ねたところ、「どちらともいえない」が46・29%で最大でした。**X上の世論と、アンケート回答者の世論にはズレがあることが明らかになりました。**一方で、自民党が「嫌いである」とはっきり答えた層も14・14%存在し、はっきりしたアンチ自民党層が世の中に存在することには留保が必要です。

以上のことはどのように解釈できるでしょうか。特に、反自民党の方が投稿総数は多い一方で、親自民党の方が平均リポスト数が大きいのは興味深い点です。投稿とリポストを分けて分析した実証研究は少ないですが、次のように考えることはできないでしょうか。リポストはオリジナルの投稿に対する反応であるため、心理的コストはポストよりも比較的低い。オリジナルの文章を作成する必要があるポストとは異なり、リポストはワンクリックで行える。そのため、**リポストの意思決定は、ポストの意思決定よりも負担が少ないと考えられる**。[*5]

心理的コストがより大きいポストにおいてのみ反自民党が活発なのはどういうことでしょうか。日本における自民党の立ち位置から考えていきましょう。つまり、自民党は日本の憲政史上のほとんどの期間、政権を担っているということです。そのため、選挙における有権者の選択は、必然的に「現自民党政権を信任するかどうか」ということにフォーカスされます。

「怒り」を媒介につながる人々

ここで、関連研究が示す投稿の動機を理解する必要があります。関連研究は、そもそもソーシャルメディアには批判的な言論が集まりやすいことを示唆しています。

中国では、Weibo（中国におけるX）のユーザ同士が、どういった感情でつながっているかが研究されています。[*6] 分析の結果、つながりが近い場合、特に「怒り」の感情相関が他の感情のそれよりも大幅に大きくなることが明らかとなりました。つまり、**Weibo上において人々は、「怒り」の感情をベースにつながっている傾向がある**ことが明らかになったのです。

また、ノルウェーにおけるアンケート調査では、国内の経済社会状況に対する怒りと、ソーシャルメディア上での政治的議論への参加度合いの関連が分析されています。[*7] その結果、怒りのスコアが高い人は、ソーシャルメディア上での政治的議論に参加する傾向があることが明らかになりました。

さらにアメリカでは、ニュース記事のスクリーンショット262枚を使った1000名へのオンライン調査が行われ、ニュースをシェアする動機が探索されました。[*8] その結果、政治関連のニュースが最もシェアされ（48％）、そのニュースのうち77％はシェアした人がネガティブにとらえていたものでした。

これらの研究に基づけば、ソーシャルメディア上では、怒りを掻き立てるようなネガティブな意見の方が拡散されやすいことが想定されます。だとすると、現状の日本の政治に不満がある者は、自民党に対して否定的なポストやリポストをするように動機づけられると考えることができます。この点は、関連研究から導かれる論理的必然でしょう。

一方で、親自民党の方がリポスト数が大きいというのはどういうことでしょうか。前述のとおり、リポストはポストよりも心理的負担が少ないことを踏まえれば、リポストするということは、自分でポストするまでもない、緩やかな賛同を表していると考えられます。

この点は、自民党不支持層においてははっきりと「嫌いである」と回答した層が厚かったのに対して、同党支持層においてはそうでなかったこととあわせて考えることができます。**図表2－6**を見ると、「どちらかといえば好きである」「やや好きである」と回答した層が20・43％おり、はっきりと「好きである」と回答した層より多いですが、この層はそれほど意見表明に熱心でなかったことが推察されるのです。ただし、ニュートラルな人と比べると、積極的な政治的態度を有しているので、それがリポストという緩やかな賛同として表れていると理解することができます。

2　2022年参議院議員選挙で追加検証する

全体の過半数を占める「反自民」ポスト

前節における分析から、「X上には反自民党ポストの方が多い」というテーゼが浮かび上がってきました。本節では、2022年7月に行われた参議院選挙時の投稿データを用いて、このテーゼを追加検証しておきましょう。

扱うデータは、2021年衆議院選挙の時と同様選挙公示日から投開票日の前日までが望ましいのですが、2022年の参議院選挙は特殊事情を考えなければなりません。7月8日、非常に痛ましい事件がおきました。皆さんもご存じのとおり、奈良県に応援演説でかけつけた安倍元首相が、演説中に銃撃された事件です。この事件により、X上の言論は大きく影響を受けました。従って、今回の調査目的の趣旨を踏まえると、この事件が起こる前のX上の言論を分析するのがよさそうです。

そこで、この事件が起こる前日、7月7日の投稿を分析の対象としました。衆議院選挙の時と同様に、X Search APIを用いて、「自民党」または「自民」または「自由民主党」

を含む投稿を全て収集しました（合計7万6274ポスト、オリジナルポスト1万2766ポスト）。次にこれらを、反自民党、ニュートラル、親自民党に分類する作業を行います。今回もディープラーニングの技術を用いて分類するわけですが、そのためにまず、教師データの作成を行います。収集したオリジナルポストからランダムに1500ポストを取り出し、筆者及び共同研究者がそれぞれの投稿を、反自民党、ニュートラル、親自民党に分類しました。これが教師データとなります。次に、この教師データをＡＩに学習させます。最終的にＡＩで全投稿を推論（分類）した結果が**図表2－8**です。

	オリジナルポスト数	合計ポスト数	割合（合計ポスト数）
反自民党	8,276	45,454	59.6%
ニュートラル	3,662	19,298	25.3%
親自民党	828	11,522	15.1%

図表2-8　2022年参議院選挙における自民党に言及した投稿の内訳
（出典）筆者作成

やはり、反自民党に分類される投稿が全体の59・6％で、過半数を占めています。次いでニュートラルに分類される投稿が多く（25・3％）、親自民党に分類される投稿は最も少ない割合です（15・1％）。実際の選挙結果は、定数248議席中、自民党と公明党を合わせて146議席（自民党のみで119議席）で過半数を占め、自民党含む与党の勝利でした（やはり得票率との関係を考える必要がありますが)。2021年衆議院選挙時の分析と概ね同様の結果になりました。

次に、各分類におけるリポスト数水準を比較してみましょう。前述のとおり、リポスト数に関しては平均値があまりあてにならないので、ノンパラメトリック検定という特殊な統計手法が必要になります。

この検定を実施した結果、反自民党的な投稿のリポスト数と、親自民党ポストのリポスト数の間には統計的に有意な差はありませんでした(ただし、ニュートラルポストと反自民党ポストの間には有意な差が認められました)。従って、親自民党派の方がリポストを頑張っていたかどうかは今回のデータからは分かりませんでした。

衆院選の分析と同様に、反自民党的な投稿約4・5万件の拡散の様子について、もう少し詳しく見てみましょう。この拡散のもととなったオリジナルポスト8276件は、6282のアカウントによってなされました。一人が複数のアカウントを運営していることを度外視すると、7月7日に少なくとも6282人の人が自民党に批判的なポストをしたことになります。

図表2-9をご覧ください。この図表は、**図表2-2**と同様、y軸が拡散数、x軸に

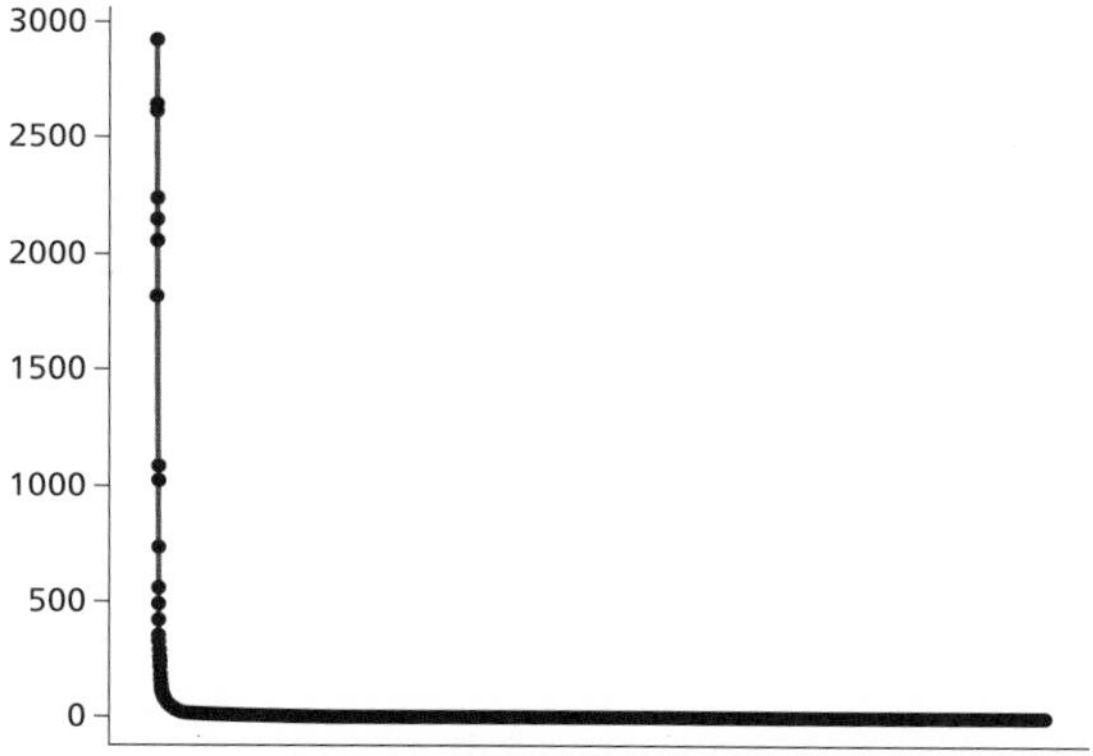

図表2-9　2022年参議院選挙における反自民党的な投稿の分布
（出典）筆者作成

拡散数が多いアカウントを上位から順に並べています。やはり、少数のアカウントによるオリジナルポストが大部分の世論形成を行っていることが分かります。実際、約4・5万件の拡散のうち、約58％の拡散数が、わずか40のアカウント（約0・6％）によるオリジナルポストから発生しています。すなわち、少なくとも7月7日の投稿においては、0・6％のアカウントが約58％のX世論を作っていたことになります。

ちなみに、拡散数1位のアカウントは学者、2位は一般市民、3位は有名タレントのアカウントでした。また、最も拡散された投稿はリポスト数2631回の、有名タレントが「奢る自民は久しからず」という言葉で自民党を厳しく批判するものでした。

Xユーザのプロファイル

本章では、X上の言論の布置にとどまらず、どのような人が投稿していたのか、というところまで踏み込んで分析を行いたいと思いますが、その前に、Xユーザのプロファイルを確認しておきましょう。

筆者は2022年12月に、3000名を対象にインターネット調査を行いました。その結果をもとにして、様々な観点からXユーザの特徴を明らかにしていきたいと思います。アンケートでは、まず次のように質問しました。

【質問】
あなたの過去1年間のTwitter利用（閲覧）についてお聞きします。平日・休日それぞれについて、平均して1日あたりTwitterを閲覧している時間を教えてください。閲覧していない場合は0分をお選びください。複数のアカウントをお持ちの場合は、閲覧時間の合計をご回答ください。

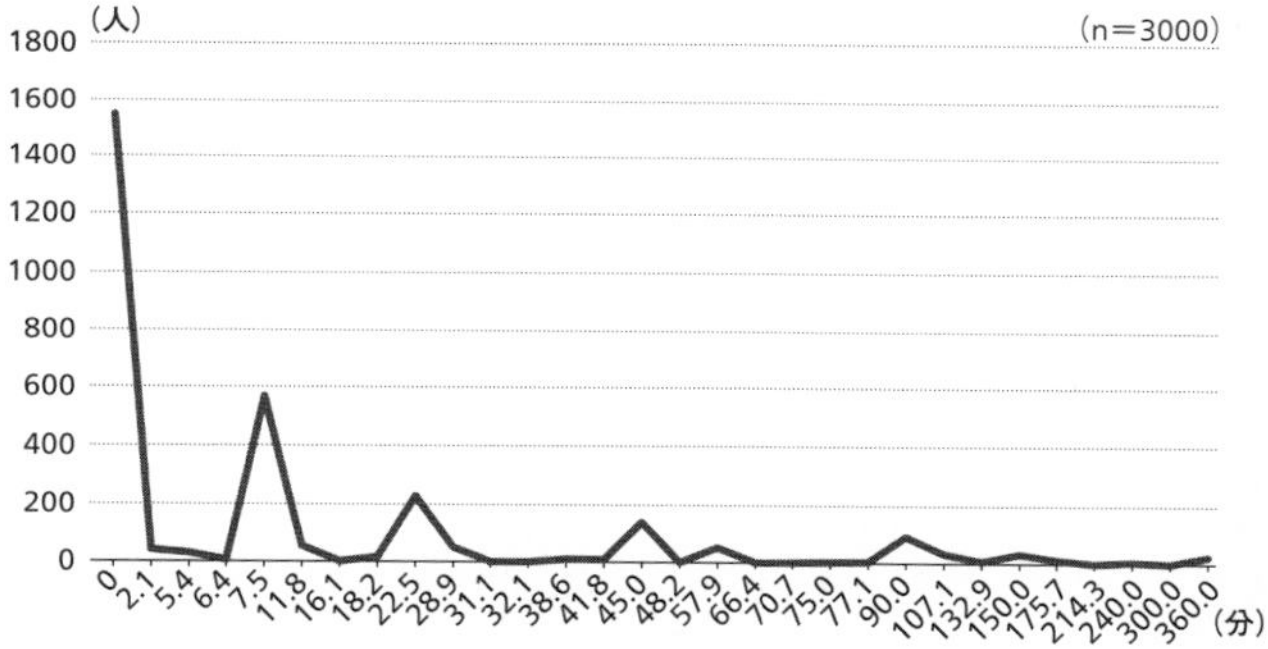

図表2-10 サンプルのX利用時間
（出典）筆者作成

この質問に対して、それぞれ「0分（閲覧していない）」から「5時間以上」の8段階で回答してもらいました。その上で、平日と休日の利用時間を合算して1日当たりの平均を算出しました。その結果を**図表2－10**に示します。

Xを全く見ていない人は3000人中1551人でした。およそ半分程度の人がXを日常的に閲覧していることになります。このアンケート調査の回答者はインターネット調査会社のモニターに登録している人たちでネットユーザですから、相対的に高くなることは留保しておきます。

山ができている箇所がいくつかありますが、一番高い山は7・5分あたりです。568人の方が、1日にわずか7・5分しかXを見ていないこ

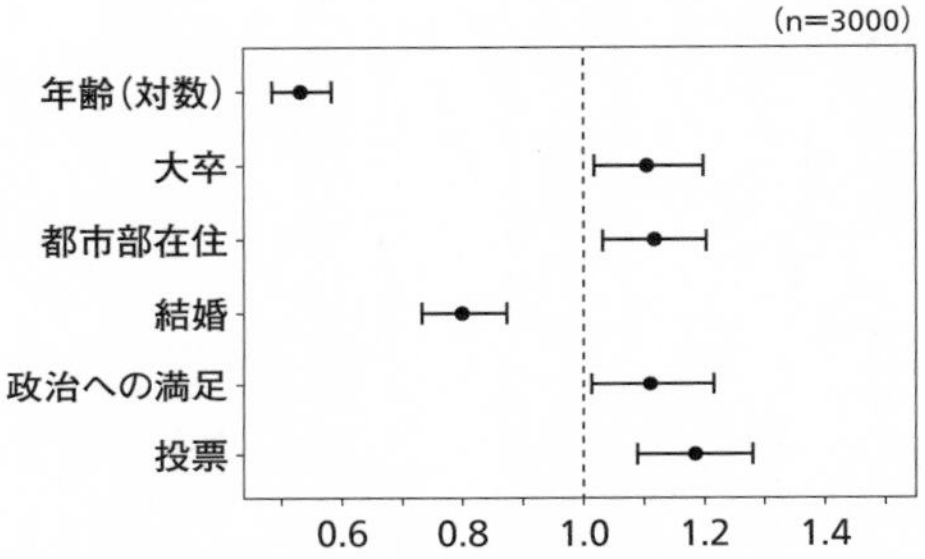

図表2-11　Xユーザのプロファイル
（出典）筆者作成

とになります。次が22・5分で230人、その次が45分で141人です。この本を読んでいただいている方はネット世論に興味のある方で、普段Xをよくご覧になると思いますので、思ったより少ないと感じるのではないのでしょうか。

次に、Xを閲覧している人のプロファイルを明らかにしていきます。そのために、ロジスティック回帰分析という数理モデルを使用しました。学術的な正確性は置いておいて、このモデルについて平たく説明します。その規定要因を説明したい変数（従属変数）を二値で左辺に設定（今回の分析では、Xを利用しているかいないか）したうえで、従属変数を説明するための変数（独立変数：今回は個人のプロファイル）を右辺に投入するというものです。つまり、個人のプロファイルのうちどういった要素がX利用行動に関連しているかを明らかにする数理モデルです（このモデル自体は因果関係については何も明らかにしないことには留意してください）。

分析結果を確認していきましょう。**図表2－11**をご覧ください。y軸は今回検証した項目のうち、統計的に有意な結果が得られた項目、x軸はオッズ比になります。「オッズ比」については専門的には少しややこしい概念なのですが、簡単にいうと、オッズ比が1以上の時、ある事象が起こる確率が高くなり、1より小さくなると、ある事象が起こる確率が低くなるということです。詳細は注に記載しておきます。*9

大卒・都市部在住・未婚というユーザ属性

以上を踏まえて**図表2－11**の結果を読み解いていきましょう。

図表2－11のy軸は統計的に有意な結果が出た項目、x軸は各項目のオッズ比です。図中の点の部分が当該項目の平均的なオッズ比で、左右に伸びているひげのようなものをエラーバーといいます。いずれの項目も1をまたいでいないことは、従属変数と独立変数が正または負の一貫した関係があることを示しています。エラーバーについてはまた後で出てきますので、ここでは「誤差の範囲内」くらいに理解しておいてください。

第一に年齢は負の方向に有意です。これはつまり、若い方がXを利用している確率が高くなるということです。サンプル全体の平均年齢が約45・8歳であるのに対して、Xを利用していると回答したサンプルの平均年齢は41・5歳でした。これは当然のことで、直感的に理解できるでしょう。

次に、大卒で都市部在住の方が、Xを利用する確率が高くなります。大卒者のうちXを閲覧している人の割合は52・9%であったのに対し、そうでない人のうちXを閲覧している人の割合は44・2%でした。また、都市部に住んでいる人のうち52・4%がXを閲覧しているのに対し、非都市部では45・1%でした。大卒で都市部在住の人の方が、情報に敏感だからでしょうか。

意外だったのが、未婚者の方がX利用の確率が高くなるということです。未婚者のX利用率が62・3%であるのに対して、既婚者の利用率は39・3%でした。これはにわかには解釈しがたいですが、結婚するとX利用をしなくなるようです。家庭のことや育児に追われ、Xを利用する時間が無くなってしまうのかもしれません。

また、政治満足度が高い人はXを利用する傾向があります。これもにわかには理解しがたい結果です。特に、X上には与党自民党に対する不満が多いこととは一貫しません。

最後に、投票を行っている人はX利用の傾向があります。これは、投票する人はXを利用しがちなのか、Xを利用する人は投票を行う傾向にあるのか、両方考えることができます。前者の場合、投票をするような意識の高い人はXでニュース等を摂取する傾向にあると説明できますし、後者の場合、Xのタイムラインを見ることで政治社会のニュースに触れ、政治参加のモチベーションが高まると解釈できます。

以上をまとめると、X利用者のプロファイルとして、利用しない人と比べて、**大卒で都市部在住の傾向があり、未婚者で、政治にはある程度満足しており、投票は行っている、という人物像**が浮かび上がってきました。大卒で都市部在住、というのは第1章で紹介した欧米の研究でも明らかになっていたポイントです。

それでは、どのような人がX上にコメントを投稿しているのでしょうか。この点を明らかにするために、前述のインターネット調査の結果を紹介します。投稿を行う人の特徴を明らかにするためには、投稿を行う人とそうでない人の特徴を比較する必要があります。そこで、まずは次のような質問を行って投稿を行う人を特定しました。

【質問】
政治的・社会的な出来事に関する話題についてのTwitter利用（ツイート及びリツイート）についてお聞きします。過去1年間のTwitter利用を鑑みて、平均して政治的・社会的な出来事に関する話題についてツイートをした回数それぞれについて最も近い選択肢を1つお選びください。複数のアカウントをお持ちの場合は、各アカウントの利用状況の合計値をご回答ください。
※「回数」とはツイート及びリツイートのそれぞれの件数を指します。
※Twitterを利用していない方は「全くしていない」をお選びください。

【選択肢】
全くしていない、月に1回以下、月に2～3回程度、月に4～9回程度、月に10～19回程度、月に20～29回程度、月に30～59回程度、月に60～99回程度、月に100～199回程度、月に200回以上

選択肢のうち、「全くしていない」を選んだ人を0、「全くしていない」以外を選んだ人を1としてダミー変数（0か1を取る二値変数のこと）を作成しました。つまり、過去1年間に、政治的・社会的な出来事についてポストをしたことがある人は1に分類されます。その結果、**「全くしていない」を選んだ人は3000人中2754人、「全くしていない」以外を選んだ人はわずか246人**でした。この結果からも、X上で意見を発している人は

ごく一部であることが分かります。

自民党が嫌いな人ほど投稿するのか？

それでは、この246人の人はどのような人たちなのでしょうか。まずは、自民党への感情から見ていきましょう。なぜなら、2回の選挙を通して見てきたように、Xユーザは自民党嫌いではないかということが想定されるからです。このアンケートでは、自民党に対する感情について、次の7段階で聴取を行っています。


【質問】

実際に投票するかどうかは別にして、あなたは自民党に対してどのような気持ちをお持ちですか？　最も近い選択肢を1つお選びください。

【選択肢】

好きである、やや好きである、どちらかといえば好きである、どちらともいえない、どちらかといえば嫌いである、やや嫌いである、嫌いである

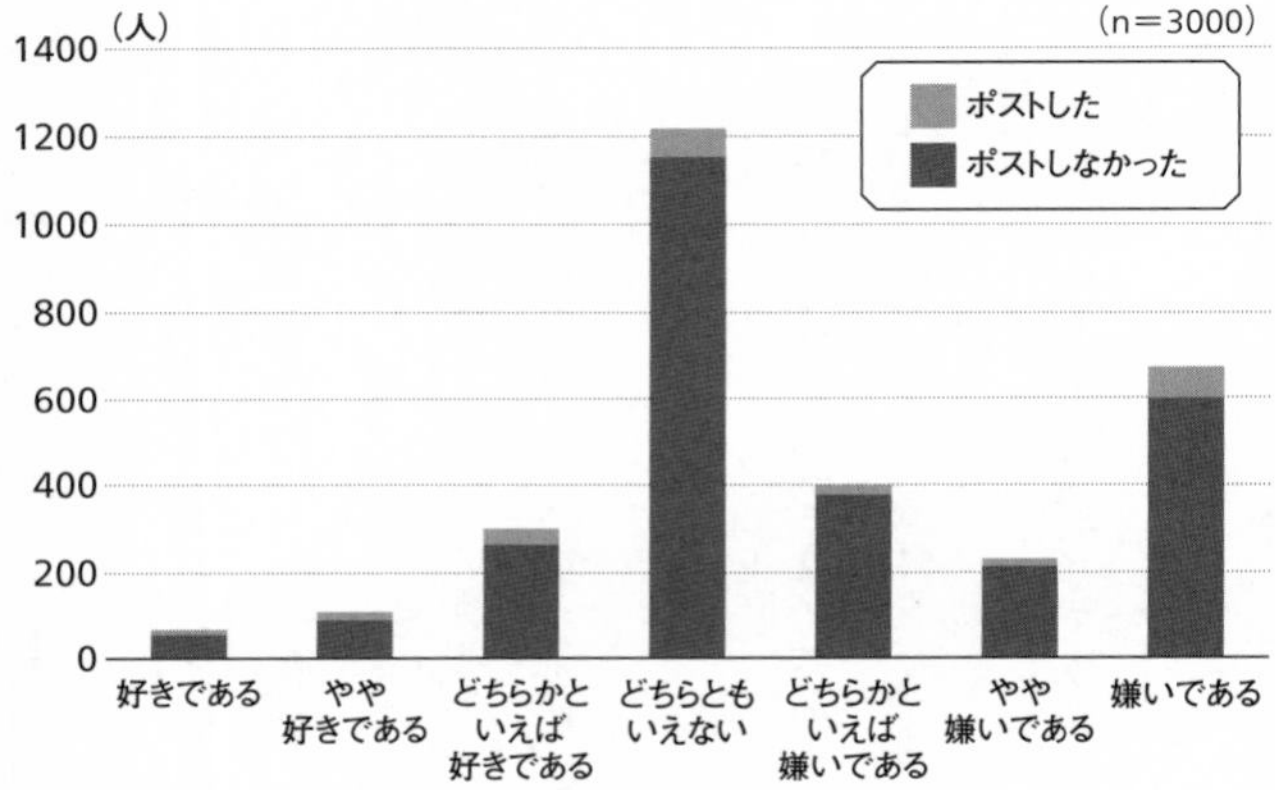

図表2-12　自民党に対する感情と投稿行動の関係
（出典）筆者作成

この質問に対する結果を、ポストしたか否かと合わせた図が**図表2－12**になります。**図表2－12**の黒い部分がポストしなかった人の数、グレーの部分がポストした人の数を表しています。やはり圧倒的にポストしなかった人の割合が多そうですね。そうした中でも、うっすらと、「どちらともいえない」というグループと、「嫌いである」というグループの人の中に、ポストした人が多いようにも見えます。そしてやはり、「嫌いである」と回答した強いアンチ層が、「どちらともいえない」と回答した人に次いで多いです。しかしこれをもって、自民党を嫌っている人は投稿をしがち、と結論付けるわけにはいきません。我々が図を見ただいたいの感じからでは確定的なことはいえないのです。

そこで、統計学の知識を使って、この問題に決着をつけましょう。平均値の比較という統計的手法を使うと、二つのグループにおいて平均値に違いがあるかを明らかにすることができます。

今回の関心でいえば、次の通り変数を操作します。まず、自民党への嫌悪度を点数化します（好きである＝マイナス3点、やや好きである＝マイナス2点、どちらかといえば好きである＝マイナス1点、どちらともいえない＝0点、どちらかといえば嫌いである＝1点、やや嫌いである＝2点、嫌いである＝3点）。次に、ポストした人のグループとポストしていない人のグループで、自民党の嫌悪度の点数の平均値を比較します。この作業で、もしポストした人のグループの方が平均値が高ければ、「自民党を嫌っている人はポストしがち」ということが示唆されます。**図表2－13**をご覧ください。

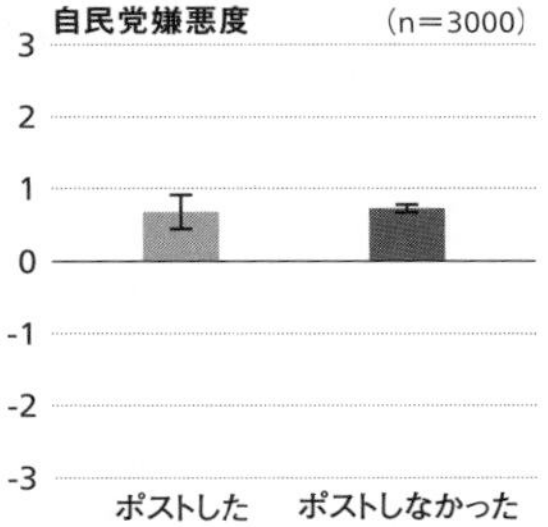

図表2-13　自民党嫌悪度と投稿行動の関係
（出典）筆者作成

投稿をした人の自民党嫌悪度の平均値は0・68、投稿をしていない人の自民党嫌悪度の平均値は0・

72でした。予想に反して、ポストした人の方が点数が低かったのですが、この差は極めて小さく、統計的には意味を持ちません。

図表中の黒いひげのようなものは、95%信頼区間を表しており、エラーバーと呼ばれます。このエラーバーは、おおざっぱにいうと「誤差の範囲内」を表しています。例えば、**図表2-13**におけるポストしたグループとしていないグループのエラーバーの範囲は重なっています。この場合、異なるサンプルで再度調査を行うと、両者は似たような値を取る（＝差がない）こともありますよ、ということを意味します。つまり、統計的に有意な差はないということです。この「誤差」の考え方は何かを比較する時に非常に重要ですので、覚えておいてください。本書でもたびたび登場します。

この図表から分かることは、ポストしたグループの方が自民党嫌悪度が高くなることもあれば低くなることもある、ということです。大事なのは、この結果が示すのは、「自民党を嫌っている人はポストしがち」という証拠は見当たらない、ということです。

この点をもう少し詳しく見てみましょう。例えば、自民党に対してははっきりと「嫌いである」と回答した人は他のグループの平均と比べてポストする人の割合が高いのではないかということです。実際にこれはそうでした。「嫌いである」と回答した人のうち、過去

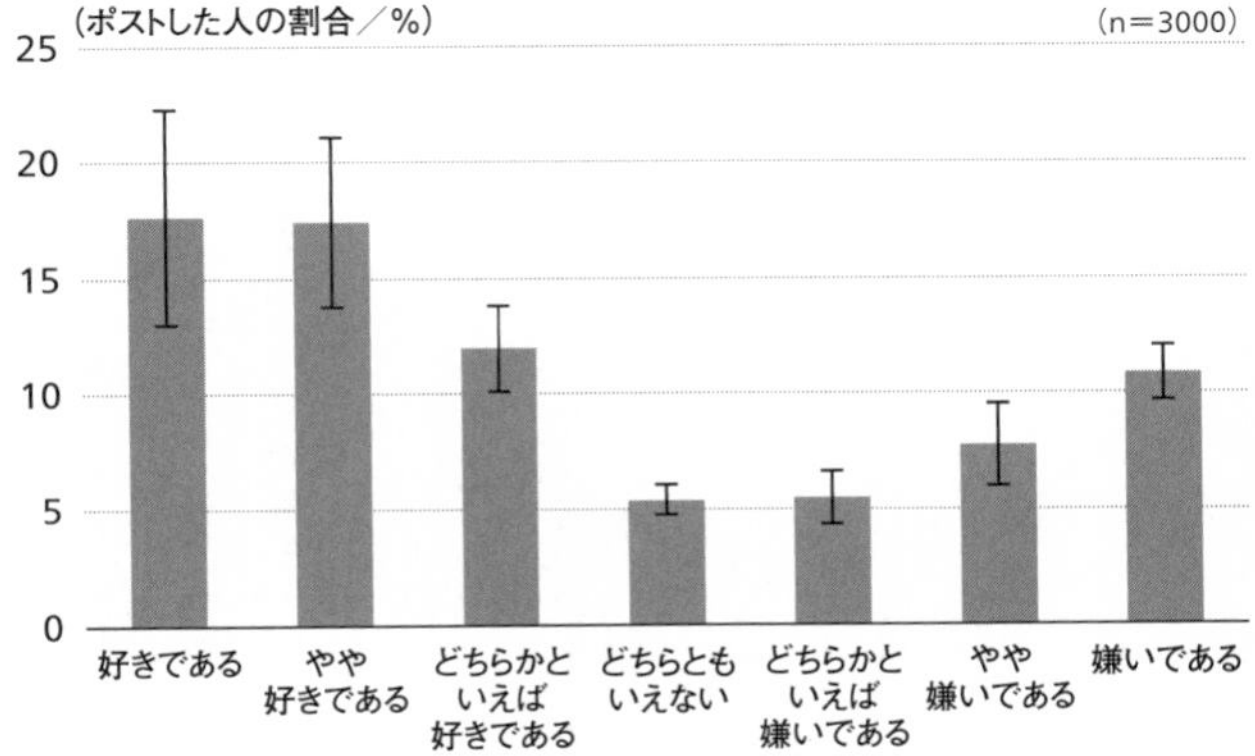

図表2-14　自民党への感情と投稿行動の関係

（出典）筆者作成

1年間に政治的・社会的出来事について投稿したことがあると回答した人の割合は10・9％（672人中73人）であり、他のグループの平均よりも有意に高い数字でした。

ただしこれは逆も然りで、はっきりと「好きである」と回答した人のうち、政治的・社会的出来事について投稿したことがあると回答した人の割合は17・7％（68人中12人）で、他のグループの平均と比べて統計的に有意に差がありました。つまり、平均値に差がなかったのは、ポストをしたグループには両極の人がいて数字が相殺《そうさい》されたからと考えることができます。なお、数字だけ見ると自民党が「好きである」と回答したグループの方が投稿をしている人の割合が高いですが、これを「嫌いである」グループと比較してみると、統計的には有意ではありませんでした。「好きである」グループの人数が少なすぎて誤差が大きいのでしょう。

自民党に対してポジティブであるにせよネガティブであるにせよ、強い感情を持っている人が投稿をしがちであることが示唆されます（図表2－14）。

リベラルな人ほど投稿するのか？

次に、個人の政治的態度との関係を見てみましょう。自民党は保守政党ですので[*10]（自民党には色々な考えをもった政治家がいるので、一概には言い切れませんが）、それに対して批判的ということはリベラル寄りの考え方を有しているだろうということです。簡単に言うと、「リベラルな人はポストをしがち」という命題を検証してみたいのです。

筆者の調査では、以下の質問に対する回答を合成することにより、個人のリベラル度を特定しました。質問に対しては、「賛成である」～「反対である」の7段階で回答してもらいました。

- 憲法9条を改正する

● 社会保障支出をもっと増やす
● 夫婦別姓を選べるようにする
● 経済成長と環境保護では環境保護を優先したい
● 原発は直ちに廃止する
● 政府が職と収入をある程度保障する
● 学校で子供に愛国心を教える
● 中国の領海侵犯は軍事力を使っても排除する
● 自民党政権は日本を戦前の暗い時代に戻そうとしていると思う
● 国民全体の利益と個人の利益では個人の利益の方を優先する

リベラルなほど点数が高くなるように各項目を点数化し（マイナス3点〜3点）、合成したうえで平均を取りました。つまり、この点数は「リベラル度」となります。次に、ポストしたグループとしていないグループでリベラル度の平均点を比較し、ポストしたグループの方がリベラル度が高ければ、「リベラルな人はポストをしがち」という仮説は支持されることになります。

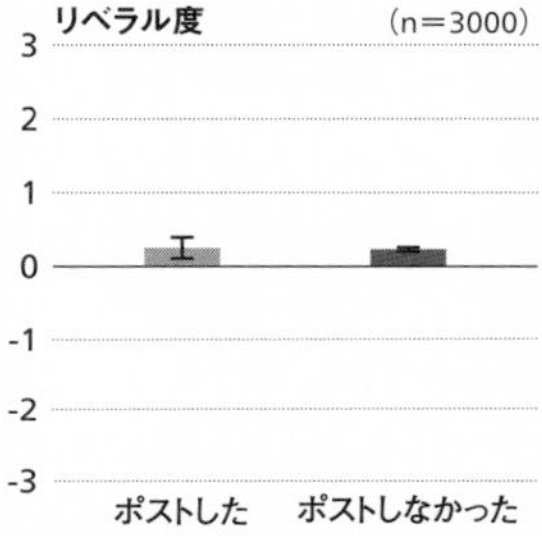

図表2-15　リベラル度と投稿行動の関係
（出典）筆者作成

二つのグループで平均値を比較する話ですので、先ほどと同様に統計的な分析を行った結果を**図表2-15**に示します。ポストしたグループのリベラル度は0・25、ポストしていないグループのリベラル度は0・23と、わずかにポストしたグループの方がリベラル度が高いという結果となりました。しかしこの差は誤差の範囲内であり、統計的な意味はありませんでした。以上から、**「リベラルな人はポストをしがち」という仮説は支持されませんでした。**

ただしこの点も注意深く分析する必要があります。つまり、かなりリベラル、またはかなり保守な人は強い思いを持っているのでポストしがちなのではないか、ということです。この点も検証してみましょう。

リベラル度上位10・5％（スコアが1・2以上）のグループ、リベラル度が下位11・1％（スコアがマイナス0・7以下）のグループ、及び平均的なスコアのグループを作成し、ポストを行った人の割合を比較しました。その結果、リベラル度上位のグループは13・

0%、リベラル度下位、つまり保守傾向が強い人のグループは13・2%の人がポストを行っていたのに対して、平均的なスコアのグループは6・9%の人がポストを行っていたのみでした（図表2－16）。この差は統計的にも有意です。やはり、ポストをしたグループには両極の人がいて数字を相殺していたため、平均値には差がなかったようです。

先ほどと同様、**この結果からも、強い思いを持った人がポストを行っていることがうかがえます。**

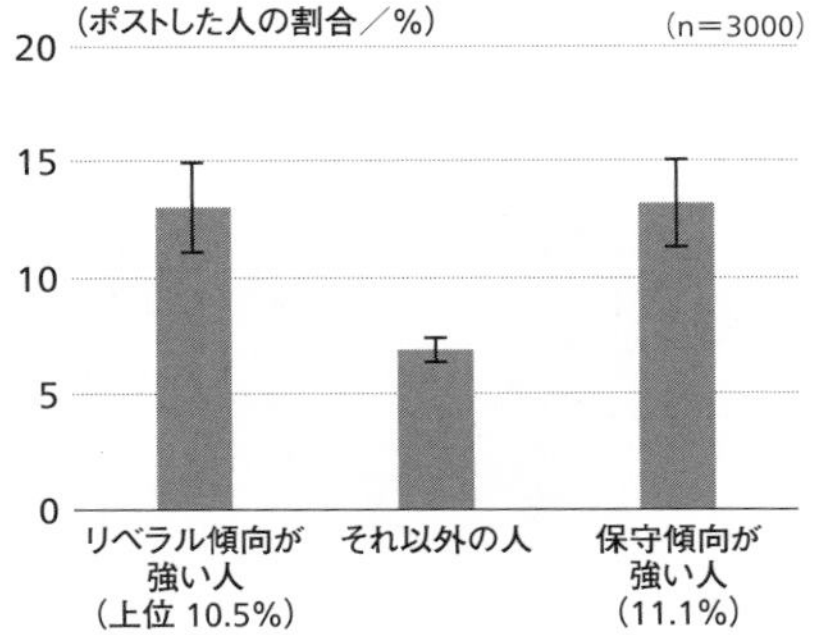

図表2-16　政治的傾向と投稿行動の関係
（出典）筆者作成

ステレオタイプ化する「ネット民」

以上の作業で、個人の政治的態度から政治的・社会的な投稿行動を説明できるかどうかを検証してきました。

結論から言うと、「自民党を嫌っている人はポストをしがち」「リベラルな人はポストをしがち」という仮説は支持されませんでした。しかし、**何かしら強い思いを持っている人は、他の人に比べ**

てポストをしがちであるということは明らかになりました。

よくテレビやリアル社会の会話などで「ネット民は○○」というようにステレオタイプ化された言説が聞かれますが、それはあまりあてにならないということです。つまり、Xユーザはリベラルであるとか自民党嫌いであるとかいったことは、少なくともユーザの分析からはその証拠が見つかりませんでした。ただし、統計学的に「関係がない」と言い切るのは難しいことには留意してください。

それではなぜX上では反自民党的な言説が多数となるのかというと、Xユーザのうちごく一部の人がポストとリポストを頑張っているからであることが推察されます。前述のとおり、Xの機能上、特定の数十名による投稿が多く拡散され、タイムラインを占める言説となることは十分にあります。

それに加えて、自民党に対する態度に関しては、「嫌いである」が「どちらともいえない」に次いで多い層であることも留意する必要があるでしょう。つまり、強い思いを持ったネット世論形成者予備軍が、自民党不支持層には多く存在することが示唆されます。

分析をしている中で「X上ではこんなに反自民党の勢いが強いのに、なぜ実際の選挙では毎回自民党が勝つんだ?」という趣旨の投稿を何度も目にしました。この疑問に答えるならば次のようになります。**世の中には、自民党を嫌いな層が一定のボリュームで存在する。その人たちの思いが強く、ネット上で投稿を頑張るからだ、**ということになります。

実際の選挙結果に反映されるかどうかは、ボリューム層である「どちらかといえば好きである」「どちらともいえない」「どちらかといえば嫌いである」と回答した人がどういった投票行動を取るかによるところが大きいと思われますが、この人たちは自分の意見をあまりネット上に投稿しないようです。だからこそ、ネット世論から実際の世論を読むのは難しいのです。

エコーチェンバーは起きていたか?

本節の最後に、第1章で解説したエコーチェンバーを検証してみましょう。もしエコーチェンバーが起こっているとすると、自民党に批判的なポストをした人は、自身のタイムラインでも自民党に批判的なポストを多く見かけているということになります。筆者の調査では、次のような質問をしています。

【質問】

あなたは普段、Twitter上で、自民党に対して批判的な投稿をどの程度見かけますか。最も近い選択肢を1つ選んでください。

回答の選択肢は、「かなり見かける」〜「全く見かけない」の6段階です。これを反転して点数化しました。この点数は、「自民党に批判的な投稿を見た度合い」となります。ただしこの質問は、普段Xを全く見ない人は回答しないことになっていたので、回答者は1449名となります。この質問に対する回答の分布を図表2-17に示します。

選挙期間中、**あれだけ多くの自民党に批判的な投稿が観察されたにもかかわらず、最も多かったのは「全く見かけない」でした**。「全く見かけない」と回答した人は、そもそも政治や政策にほとんど興味がなく、関連するアカウントをフォローしていないのでしょう。ここでも、フィルタリングというソーシャルメディアの特徴が見て取れます。いずれにせよ、この質問に対する回答と、自民党に批判的な投稿をしたかどうかのデータの関連を見れば、エコーチェンバーが働いていたかどうかが分かります。

一方で、自民党に批判的なポストをした人を特定するのは難しい作業です。「あなたは自民党に批判的なポストをしましたか？」と質問するのは倫理的に問題がありますし、測定

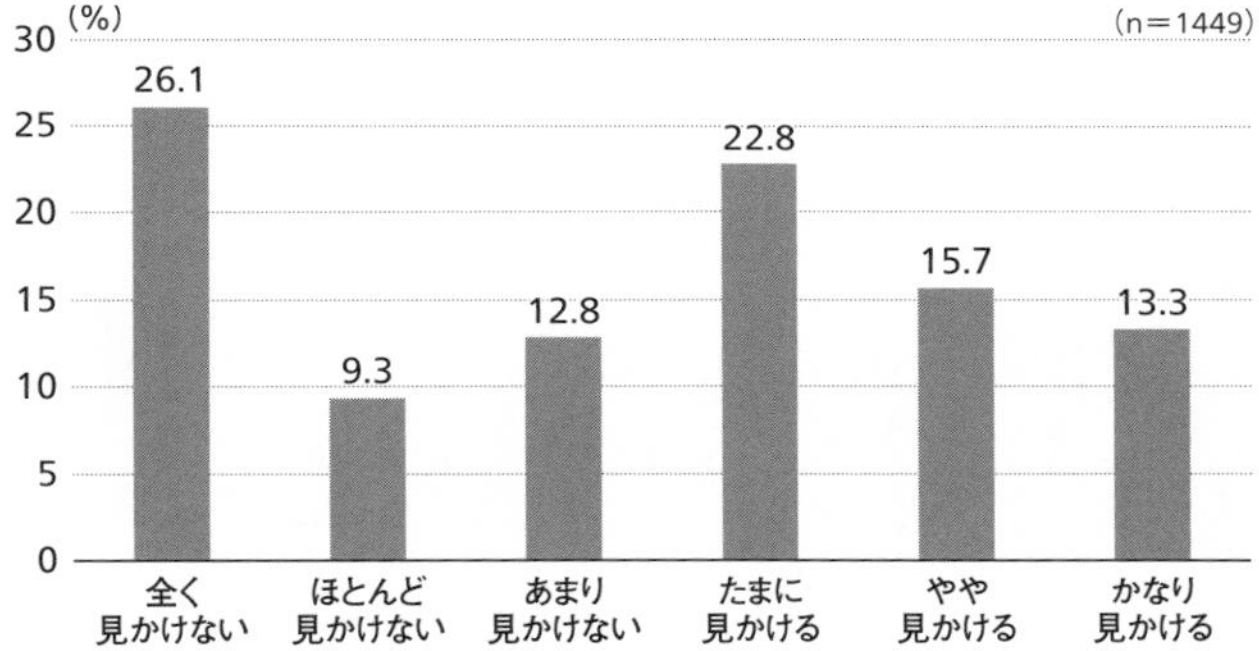

図表2-17　自民党に対する批判的な投稿をどれくらい見たか
（出典）筆者作成

誤差（本当のことを答えてもらえるか分からない）が大きいからです。そこで、先に紹介した「政治的・社会的なポストをしたかどうか」と、自民党嫌悪度を掛け合わせて変数を作成しました。自民党を嫌っていて、政治的・社会的な出来事についてポストをしたことがあれば、何かしら自民党あるいは自民党の政策に批判的なポストをしているだろうとの想定です。この条件に当てはまる人は113名いました。

この113名に当てはまるかどうかを1と0で表現して二値変数化しました。さらに、自民党に批判的な投稿を見かけた度合いを点数化して、1グループと0グループの間で平均値に差があるか検証しました。結果を**図表2-18**に示します。1グループの平均値は4・94であるのに対し、0グ

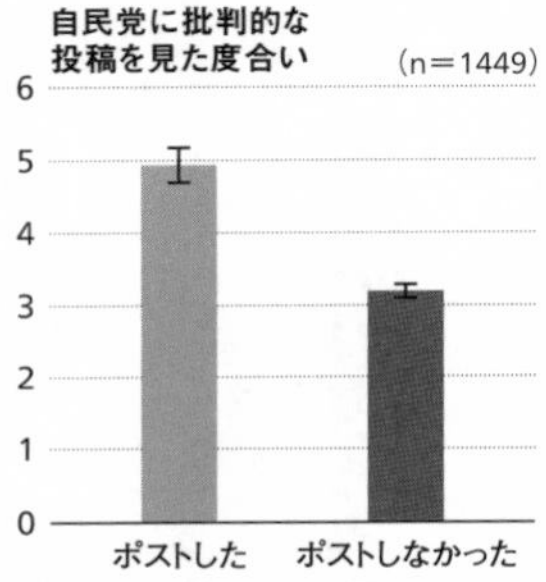

図表2-18　自民党に批判的な投稿を見た度合いと投稿行動の関係
(出典)筆者作成

ループの平均値は3・19です。エラーバーを見ると、ポストしたグループとしていないグループで重なりはありませんので、「誤差の範囲内」とはいえず、この差は統計的にも有意です。従って、**自民党に批判的なポストをしている人ほど自民党に批判的な投稿を見ている、つまりエコーチェンバーが起きている**ということが推察されます。

以上見てきたように、X上の反自民党的言説について、その背後にあるユーザの属性からは説明が難しかったですが、エコーチェンバーというX上の世論形成のダイナミズムからはある程度説明することができました。

自民党への感情と投票行動の関係

X上の世論と選挙結果が一致していない、という命題を考えた時に、X上で自民党への嫌悪を表明していた人たちは投票しなかったのか？という疑問が浮かんできます。本節で

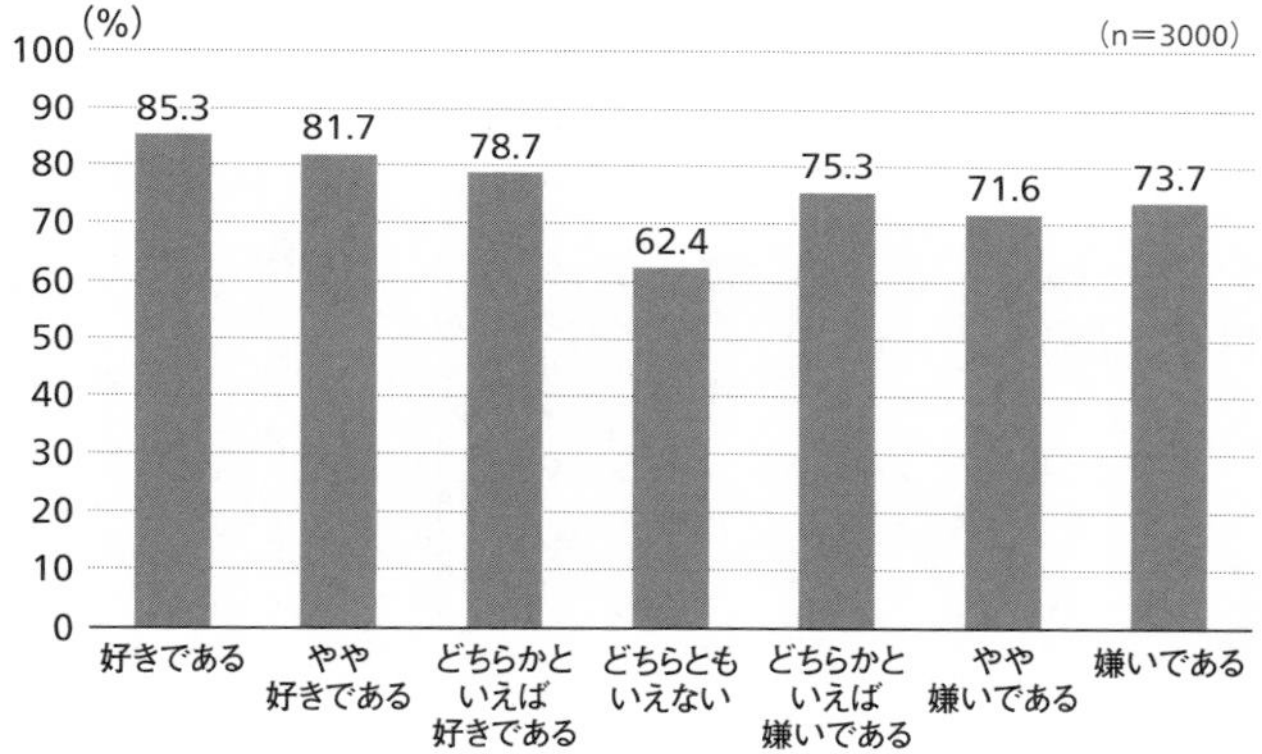

図表2-19　自民党への感情と投票率の関係
（出典）筆者作成

はデータを用いてそれを確認しましょう。

図表2-19をご覧ください。自民党への感情別に2022年参議院選挙の投票率を比較したものです。「好き」グループに比べて「嫌い」グループはやや投票率が低い傾向にありますが、それほど大きな差ではありません。加えて、「どちらかといえば嫌いである」「やや嫌いである」「嫌いである」いずれのグループも投票率は7割を超えており、絶対数としても投票率が低いとはいえませんでした（そもそも本調査のサンプルの平均投票率が実際の投票率よりも高く出ていることには留保が必要ですが）。やはり、得票率や選挙区制との関係に踏み込む必要があります。これは今後の課題でしょう。

ネット右翼のほうが多いのは本当か？

少し話がそれますが、ネット世論という言葉をきいて、少しネットに詳しい人は「ネット右翼」という言葉を思いつくのではないでしょうか。

大阪大学教授の辻大介氏は、二度の社会調査により、ネット右翼の正体に迫ろうとしました。[*11] まずはネット右翼の定義が重要になります。辻氏は、①中国と韓国への排外主義的態度、②保守的・愛国的政治志向の強さ、③政治や社会問題に関するネット上での意見発信・議論への参加という3点から、ネット右翼を操作的に定義しました。その結果、サンプルの1・3〜1・8％の人が、ネット右翼として浮かび上がってきました。

ネット右翼の属性としては、男性が顕著に多いことが明らかになりました。一方で、ジャーナリズムでしばしば語られるような、「孤独な低学歴の若者」という属性は見出されませんでした。

ネット利用行動や意識においては、一般の人と異なる傾向が見出されました。まず、パソコンによるネットの「プライベート・余暇での利用時間」が長いことです。さらに、Xや掲示板、動画サイトの利用が活発であることも見出されました。[*12] さらに特徴的なのは、「ネットに人を傷つけるような情報が載るのはしかたのないことだ」「ネットで叩かれる側にも、叩かれるだけの理由がある」「ネット上で過激な書き込みや発言があっても、たいてい冗談半分で、本気ではない」と考える傾向が強かったのです。ネット右翼は、ネット上で攻撃的になる傾向が強いことと整合的でしょう。

ここでは定量的な研究を紹介しましたが、「ネット右翼」をめぐっては、多くの学術研究や批評が提出されています。一方で、「ネット左翼」はあまり聞きません。そこで、単純な疑問にぶつかります。「ネット上では、保守的な人のほうがアクティブなのか？」という疑問です。「ネット右翼」という言葉が流布《るふ》していることから、一見、保守的な人のほうがアクティブであるように思えるかもしれません。また、皆さんも、インターネット上で、中国や韓国に対する排外的な書き込みを目にしたことがあるかもしれません。

しかし、ネット右翼への注目が多いからといって、ネット上では保守的な人のほうがアクティブであると断定することはできません。実際本章の実証研究は、それを示しませんでした。言説レベルでは反自民党が多数派で、ユーザレベルでは特に党派性はありませんでした。これを機に読者の皆さんには、「ネット上には右翼がたくさんいる」というステレオタイプについて考え直してほしいと思います。

3　安倍元首相の国葬における実証研究

国民的な議論を巻き起こした国葬

２０２２年９月27日、安倍元首相の国葬が執り行われました。国葬は１９６７年に行われた吉田茂元首相以来55年ぶりの出来事でした。岸田総理が記者会見で発言した国葬実施の理由は次のとおりです。[*13]

安倍元総理におかれては、憲政史上最長の８年８か月にわたり、卓越したリーダーシップと実行力をもって、厳しい内外情勢に直面する我が国のために内閣総理大臣の重責を担ったこと、東日本大震災からの復興、日本経済の再生、日米関係を基軸とした外交の展開等の大きな実績を様々な分野で残されたことなど、その御功績は誠にすばらしいものであります。

外国首脳を含む国際社会から極めて高い評価を受けており、また、民主主義の根幹たる選挙が行われている中、突然の蛮行により逝去されたものであり、国の内外から幅広い哀悼、追悼の意が寄せられています。

　こうした点を勘案し、この秋に国葬儀の形式で安倍元総理の葬儀を行うことといたします。国葬儀を執り行うことで、安倍元総理を追悼するとともに、我が国は、暴力に屈せず民主主義を断固として守り抜くという決意を示してまいります。あわせて、活力にあふれた日本を受け継ぎ、未来を切り拓いていくという気持ちを世界に示していきたいと考えています。


　この方針をめぐっては、賛否が分かれ、国民的な議論を巻き起こしました。まず、国葬の法的根拠があいまいであるという点。次に、国葬の実施は国会の承認を経ずに閣議決定のみで決められましたが、これが果たしてよかったのかという点です。さらに、安倍元首相の業績については、評価が分かれているという点。外交政策や経済政策には批判も多く、また、「森友・加計学園」「桜を見る会」に関する問題など、政治・行政の公正性に関する問題も多くの批判を受けました。

　このように、国葬に賛成するか反対するかは、安倍元首相の執政を評価するかどうかと密接に関わっていたのです。

	前回調査 7月末 もしくは8月	9月調査
読売新聞	46.0%	56.0%
NHK	50.0%	56.7%
朝日新聞	50.0%	56.0%
時事通信	47.3%	51.9%
日経新聞・テレビ東京	47.0%	60.0%
共同通信	53.3%	60.8%
毎日新聞・ 社会調査研究センター	53.0%	62.0%
産経新聞・FNN	51.1%	62.3%

図表2-20　各社世論調査における国葬反対派の割合
（出典）東京新聞（2022.9.25）「安倍元首相国葬「反対」各世論調査で軒並み増加　9月は全ての媒体で過半数に」，https://www.tokyo-np.co.jp/article/204661をもとに筆者作成

こうした中で、主要メディアは複数回の世論調査を行いました（図表2－20）。9月の直前調査ではいずれの世論調査でも反対が過半数を超えています。海外のメディアにも日本の分断の様子は伝わっており、前述のとおり、ＢＢＣニュースは、「安倍氏の国葬、執り行われる　賛否が割れる中で」と報道し、ＣＮＮは「国葬をめぐる世論の深い分断を浮き彫りにした」と報道しました。

X上に表れた分断

こうした分断は、X上ではどのように表れていたのでしょうか。

これまで、2021年衆議院選挙、2022年参議院選挙のネット世論を見てきましたが、いずれも自民党に批判的な意見がマジョリティでした。その流れで考えると、自民党を象徴する安倍元首相に批判的になり、国葬反対派の投稿が多くなることが予想されます。安倍元首相の政策は保守的要素が強く、その評価を内包する国葬への賛否は、個人のイデオロギーが反映されます。

以上を踏まえ、筆者は、X Search APIを用いて9月27日国葬当日における、「国葬」を含む全投稿を収集しました。合計218万6515ポスト、うちオリジナルポストは30万9209ポストでした。

本章で紹介してきた研究と同様に、ディープラーニングを使って分類を試みました。まず教師データの作成に取り掛かったのですが、単純に賛成、ニュートラル、反対に分けられない事態が生じました。一般の方の投稿になるため、具体的な投稿の例を示すことは控えますが、反対派によるデモを迷惑がっている内容が散見されました。必ずしも国葬自体への態度は示していないのですが、「反対派の騒音がうるさい」「黙禱《もくとう》の時に騒音を出すなど常軌を逸している」などの投稿が多数見受けられました。

	オリジナルポスト数	合計ポスト数	割合（合計ポスト数）
反対	89,965	655,466	30.0%
ニュートラル	111,118	568,874	26.0%
賛成	35,761	409,437	18.7%
反対派への軽蔑	72,365	552,738	25.3%

図表2-21　国葬当日に国葬に言及した投稿の内訳
（出典）筆者作成

そこで、これらの投稿を「反対派に対する軽蔑《けいべつ》」として、第４のグループを作りました。教師データには、ランダムに取得した１０００件のオリジナルポストを用いました。ＡＩで推論した結果を**図表２-21**に示します。

各分類の投稿数を見ると、国葬反対派が65万５４６６ポスト（30・０％）で一番多く、「Ｘ上ではやはり反対派が多かった」となり、これまでの実証研究の結果と整合しそうです。

しかし、前述の**「反対派への軽蔑」が55万２７３８ポスト（25・３％）とものすごく大きなボリュームを有しています。**

もっとも、これは国葬当日に特有な現象とも考えられます。なぜなら、国葬当日、反対派のデモの人数は想像されていたよりも少なく、「実は極端な考えの人たちだけが大きな声を出しているだけではないか」とのイメージを人々に植え付けました。そのイメージが、中立的な人々を刺激し、反対派への批判として表出したと考えることができそうです。

このように、国葬をめぐる投稿の状況はやや複雑な結果を示しました。ネット世論とは何とも難しいものです。政治的イベントに反対する者が盛り上がり、さらにそれに反対する者が発生する。この**「反対の連鎖」というものが国葬に関するネット世論では起こっていた**ように思います。

「反対」及び「反対派への軽蔑」を合わせれば、全体の55・3％にも上ります。それだけ、何かしらに反対するネガティブな投稿が多かったということです。

次章以降では、2023年4月に実施された大阪府知事選挙を対象に、投稿の分析と大規模社会調査の分析を組み合わせて分析を行います。この調査によって、これまでの見解をブラッシュアップしていきたいと思います。

第3章 なぜ少数派の意見が大きく見えるのか

――ネット世論の正体

本章では、これまでの知見を踏まえて、大阪府知事選挙における実証研究を紹介したいと思います。これまでの研究と異なるのは、大阪府の有権者に多くの質問をし、Xに投稿をした人のプロファイルを描き出そうとした点です。特に、政治参加論の知見に基づいて仮説の設定を行いました。読者の皆さんには、この章の前半を読むことによって、どのような人が政治参加をするのかに関して、これまで蓄積された知見を学んでいただければと思います。

1　大阪府知事選挙における実証研究

やはり乖離するネット世論と選挙結果

2023年4月に、大阪府知事選挙が実施されました。府市一体の行政運営、カジノ等を含むＩＲ（統合型リゾート施設）誘致等が争点となりました。当時既に大阪府知事だった大阪維新の会の吉村洋文氏が2期目として立候補し、同氏の勝利が予想されていました。実際、吉村候補は圧倒的な差で当選しました。本章では、この選挙を素材として、ネット世論のダイナミズムを探求します。

第2章で扱った国政選挙の研究と同様、収集した投稿を教師あり機械学習の方法で吉村候補に対してネガティブ、ニュートラルまたは態度不明、ポジティブに分類し、X上における言論の付置を明らかにします。具体的には、次の方法でデータを処理しました。X Search APIを用いて、「大阪＋吉村」に言及している投稿を網羅的に収集しました（全18万8425ポスト）。対象となった期間は、2023年3月1日から、選挙の投開票日の前日である4月8日までの比較的長いスパンです。加えて、対立候補者に関する投稿も収集しました。対象とした候補者は、左派から支持されていた（といっても無所属で立候補しましたが）たつみコータロー氏です。同様にX Search APIを用いて、「大阪＋たつみ」を含む投稿を網羅的に収集しました（全3万5334ポスト）。

吉村候補に関する投稿は、前章と同様ディープラーニングを使って分類しました。その結果を**図表3－1**に示します。たつみ候補に関する投稿は、オリジナルポストの数がそれほど多くなかったので、人間の目で見て分類を行いました（この作業を根性マイニングといいます）。その結果を**図表3－2**に示します。

吉村候補に関しては、ネガティブが62・1％、ニュートラルまたは態度不明が26・

	オリジナルポスト数	合計ポスト数	割合（合計ポスト数）
ネガティブ	6,313	117,085	62.1%
ニュートラル	5,004	49,143	26.1%
ポジティブ	2,068	22,197	11.8%

図表3-1　2023年大阪府知事選挙において吉村候補に言及した投稿の内訳
（出典）筆者作成

	オリジナルポスト数	合計ポスト数	割合（合計ポスト数）
ネガティブ	122	407	1.2%
ニュートラル	303	3,908	11.1%
ポジティブ	2,028	31,019	87.8%

図表3-2　2023年大阪府知事選挙においてたつみ候補に言及した投稿の内訳
（出典）筆者作成

1%、ポジティブが11・8%でした。予想どおり、ネガティブの言説が多く半数以上を占めています。たつみ候補に関しては、ネガティブが1・2%、ニュートラルまたは態度不明が11・1%、ポジティブが87・8%で、圧倒的にポジティブが多いという結果となりました。従って、**X上においては、あらゆる候補者に対してネガティブな投稿が多いというわけではないようです。**なお、「吉村」「たつみ」という語を含んでいても、それぞれ今回の候補者以外の人を指していると判断された場合はその投稿を除外しています。

選挙の結果は、吉村候補の得票率73・7%に対し、たつみ候補の得票率は8・0%であり、吉村候補の圧勝でした。やはり今回の選挙でも、X上の世論と選挙結果の乖離が観察

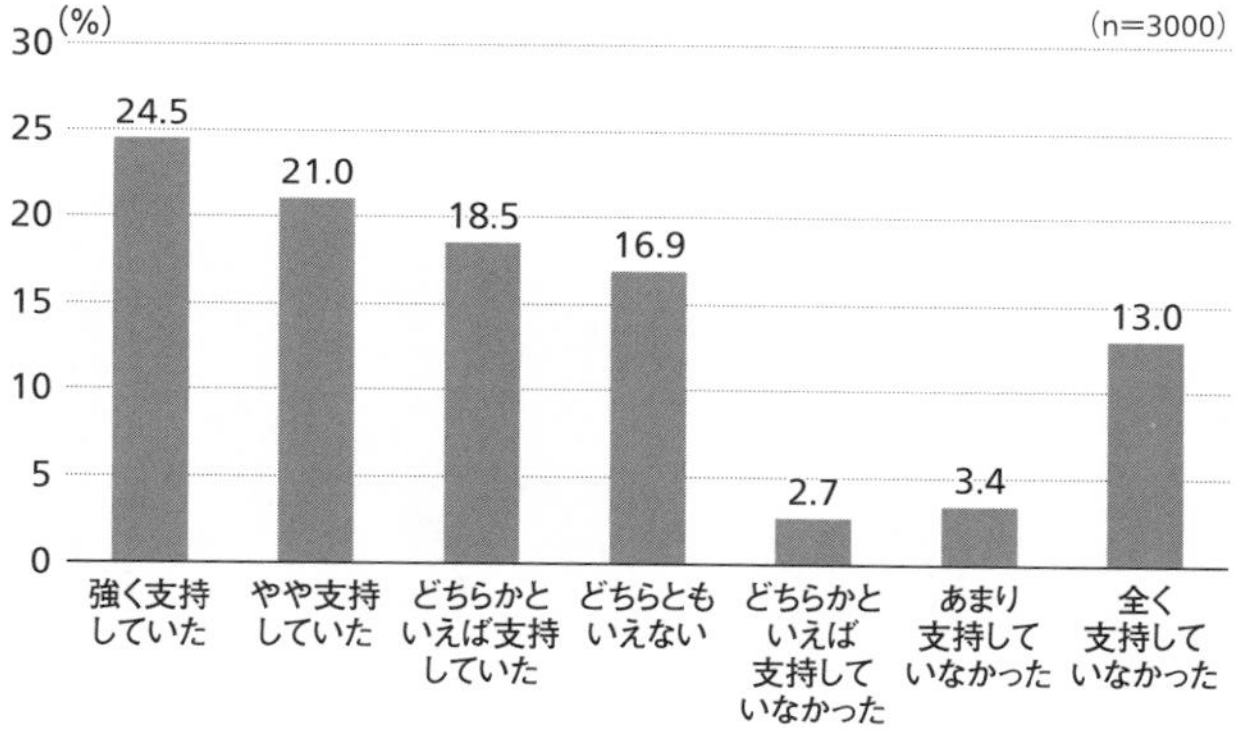

図表3-3　吉村候補に対する支持度合い
（出典）筆者作成

されました。[*1]

ソーシャルメディアから社会は見えない

ここで、アンケート調査により集計した吉村候補の支持度合いを見てみましょう。

詳しくは後述しますが、筆者は大阪府知事選挙直後に大阪府民3000人に対してアンケート調査を行いました。**図表3-3**は「あなたは、今回の大阪府知事選挙候補者において、吉村候補をどの程度支持していましたか」という質問に対する大阪府民3000人の回答分布です。

政治系のアンケートでは珍しい分布結果となっています。**通常、政治家の支持度合いや政策の賛否を問うと、中間的な回答を頂点と**

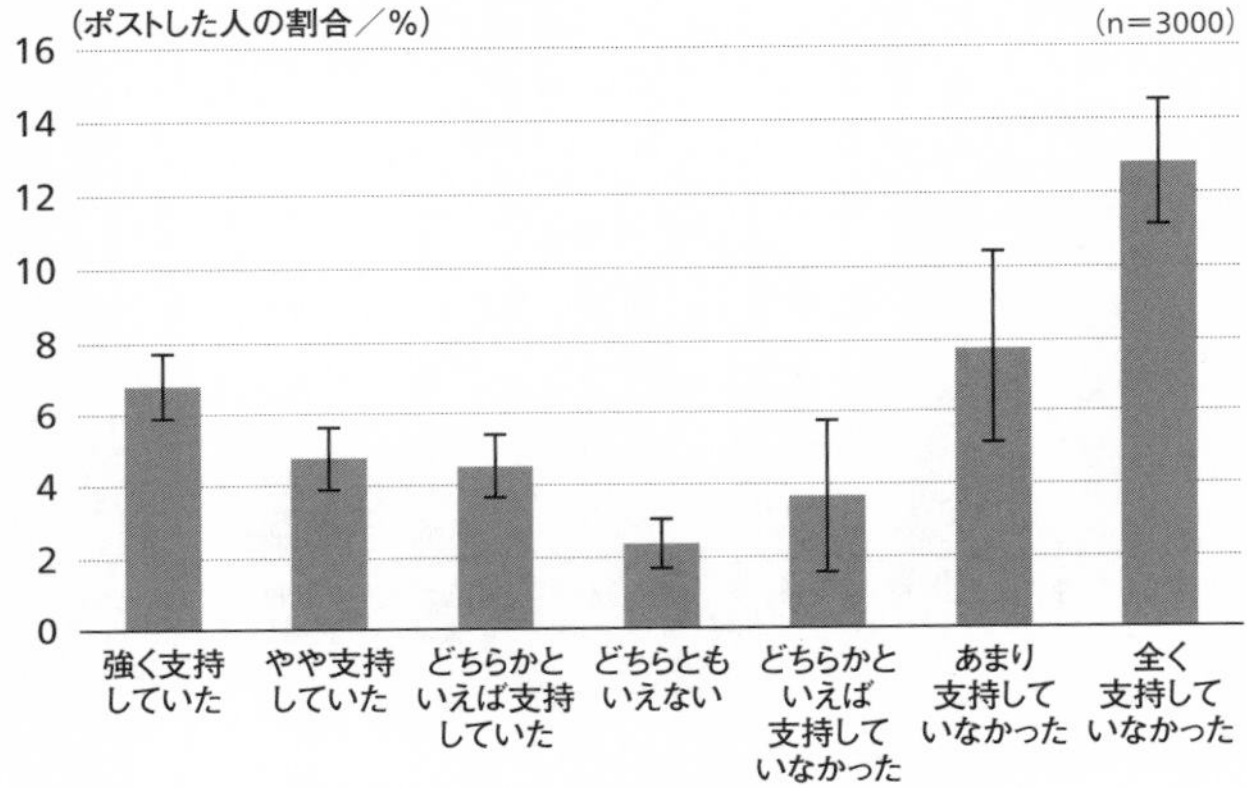

図表3-4　吉村候補への支持度合いと投稿行動の関係
(出典)筆者作成

した山形の分布になるのですが、吉村候補に関してはそうなっていません。この結果を解釈すると、「全体的に支持者が多い一方で、支持していない人は全く支持していない」という感じでしょうか。

　いずれにせよ、「全く支持していない」という強い意見を持っている人々が少なくない割合で存在しているのは、第2章で見た自民党への感情と同じです。この人々が、X上では情報拡散を頑張ったのかもしれません。**図表3－4**は、吉村候補への支持度合いと投稿行動の関係を示したグラフです。やはり、緩やかに谷形になっています。つまり強い態度を持っている人の方がXの投稿をする傾向にあります。自民党の

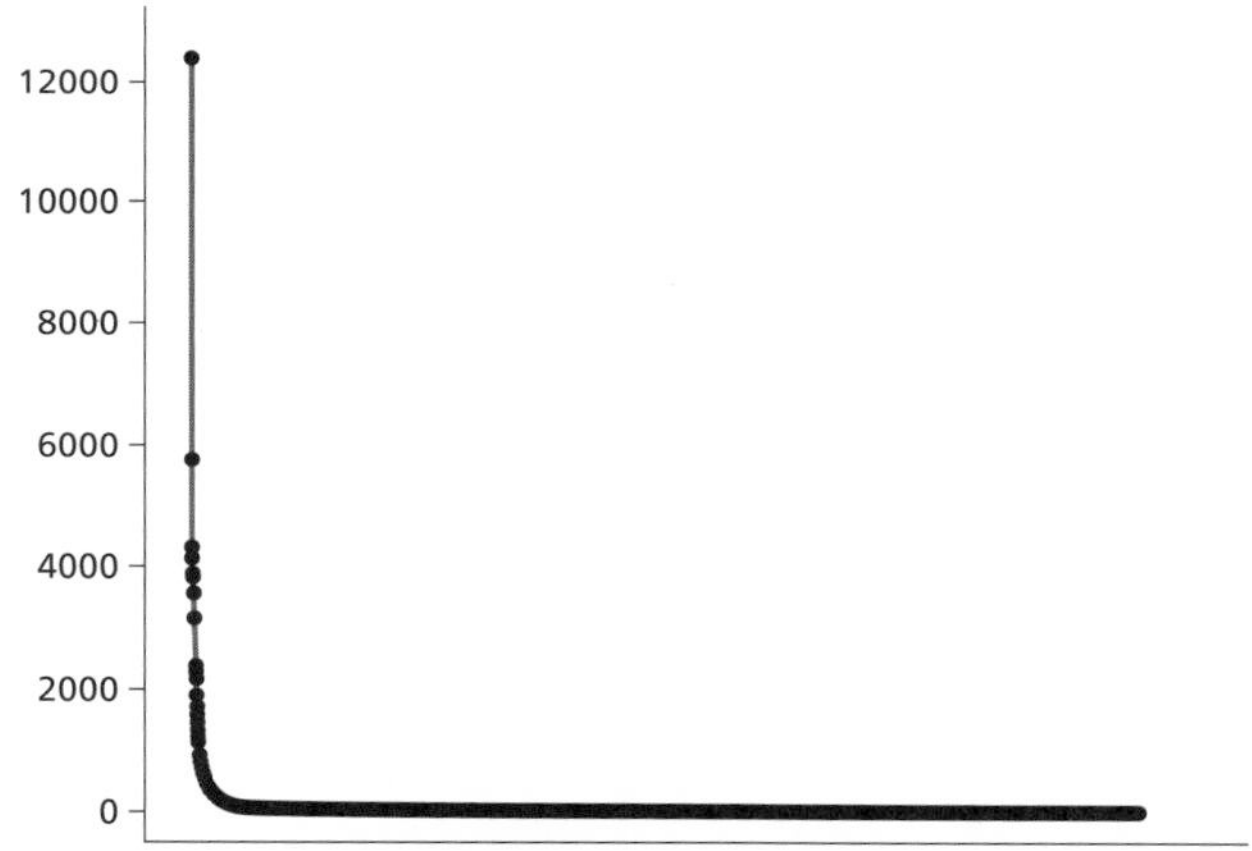

図表3-5　2023年大阪府知事選挙における反吉村候補ポストの分布
（出典）筆者作成

時と比べると、「全く支持していなかった」グループの投稿割合が突出して高く誤差も小さいのが特徴です。

反吉村候補的な投稿約12万件の拡散の様子について、もう少し詳しく見てみましょう。このの拡散のもととなったオリジナルポスト6313件は、2615のアカウントによってなされました。

図表3－5をご覧ください。この図表から分かることは、第2章で分析した二つの国政選挙と同様、少数のアカウントによるポストが世論形成の大部分を担っているということです。実際、約12万件の拡散のうち、約70％の拡散が、わずか40のアカウント（約1・5％）によるオリ

ジナルポストによって担われています。なお、拡散数1位から3位のアカウントはいずれも一般市民のアカウントでした。拡散数はそれぞれ1万2407、5777、4303でした。

知事選挙を素材としてソーシャルメディアの研究を行ったのは私が初めてではありません。むしろ、私が選挙とXというテーマに興味を持ったきっかけは、東京大学教授の鳥海氏のYahoo!ニュース個人記事「2020都知事選で小池都知事への応援メッセージがツイッター上にほとんどなかった件[*2]」を読んだことでした。

この記事で鳥海氏は、リポストネットワークを作成することによりXユーザの分析を行っています。具体的には、都知事選挙期間中に「都知事」に言及した投稿を集め、リポストしたユーザが20％以上被っている二つの投稿をリンクでつないでネットワークを作成し、そこから類似情報群を抽出しました。その結果、二つのクラスタが発見されました。一つは、アンチ小池百合子クラスタで、もう一つは保守系（桜井誠を支持する）のクラスタでした。そこで鳥海氏は次のような疑問にぶつかります。

あれ？　そうすると小池都知事の支持層はどこにいるんだ？

ご存じのとおり、2020年東京都知事選挙は小池百合子氏の勝利でした。ところが、鳥海氏の分析においては、小池百合子氏に投票をしたはずの層による投稿がほとんど見当たらなかったのです。鳥海氏は記事の中で次のように言っています。

誰だ？　ツイッターから社会が見えるなんて言ったのは!?

以上のように、2020年東京都知事選挙、2021年衆議院選挙、2022年参議院選挙、2023年大阪府知事選挙とXの分析をしてきて、優位な候補（政党）を他の候補（政党）の支持者が批判する、という構図が一貫して観察されました。

2　Xに投稿するのはどんな人か？——8つの仮説

日本人にとっての「政治参加」

前章で検討した2022年参議院選挙における研究では、「誰が投稿していたのか」という問いに対し、人々の政治的志向に着目して部分的に分析を行いましたが、本章では、政治参加の理論に基づいて体系的に分析を行っていきます。なぜ政治参加理論に基づくのかというと、X上に自らの政治的意見を表明することも、一種の政治参加だと考えられるからです。

仮説定立⇓仮説検証という流れは、いかにも学術的でまどろっこしいかもしれません。しかし本書では、読者の皆様に科学的検証を疑似体験していただきたいため本章ではあえて前述の流れで記述していきます。

日本におけるオンライン政治参加は、全体の政治参加の中でどのように位置づけられるでしょうか。「民主主義の分断と選挙制度の役割：CSES モジュール5 日本調査2018」を参照しながら確認していきましょう。[*3]

図表3－6を見ると、「選挙で投票した」が割合が一番高く、人々にとって、最も身近な政治参加方法であることは明らかです（もっとも、この調査においては、総務省の発表している投票率よりは明らかに投票率が高いことには留意が必要です）。

「インターネット（ウェブサイトやブログ、Twitter）上の誰でも見られる場所で政治についての意見を述べた」の数字を見ると2・5％で、かなりマイナーな政治参加に位置づけられま

参加形態	経験率
選挙で投票した	86.8%
自治会や町内会で活動した	43.1%
必要があって地元の有力者と接触した（会う、手紙を書くなど）	11.0%
必要があって政治家や官僚と接触した	6.1%
議会や役所に請願や陳情に行った	2.7%
選挙や政治に関する集会に出席した	12.0%
選挙運動を手伝った（候補者の応援など）	7.3%
市民運動や住民運動に参加した	4.4%
請願書に署名した	13.2%
献金やカンパをした	15.1%
デモに参加した	1.0%
インターネット（ウェブサイトやブログ、Twitter）上の誰でも見られる場所で政治についての意見を述べた	2.5%
LINE、Facebook、電子メールなど特定の人を対象にしたSNS上で政治についての意見を述べた	2.0%
マスコミに連絡、投書、出演などをして意見を表明した	1.0%
環境保護的、政治的、倫理的な理由で、ある商品を買うのを拒否したり、意図的に買ったりした	4.6%
どれもしたことがない	8.8%

図表3-6　過去5年間の政治参加形態とその割合

（出典）蒲島郁夫・境家史郎（2020）『政治参加論』東京大学出版会, p.126をもとに筆者作成

す。何か大きな政策判断があると、「#○○」といった形で、すぐにXのトレンドに掲載される様子を見ているXユーザからすると、にわかには信じられないほど低い数字なのではないでしょうか。

しかし、本書で一貫して説明しているネット上で政治的・社会的発言をするのは強い意見を持った一部の人、という説明とは整合しています。

社会経済的地位との関係

それでは、どういった要素が人々の政治参加行動を説明するのでしょうか。

第一に、政治参加をするかどうかには、社会経済的地位（socio-economic

status：SES）が強くかかわっていることが明らかになっています。[4][5] 具体的には、学歴・職業上の地位・所得によって規定されています。最も研究蓄積のあるアメリカでは、研究結果は比較的一貫しており、高SESの方が政治に参加する傾向が強いことが明らかになっています。

現代の日本でも、この傾向は変わりません。[6] この背景には、**高SESの人ほど、政治参加するための資源（コミュニケーション能力や政治知識等）を豊富に有する**ということが指摘されています。従って、以下の仮説が立てられます。

- 仮説1　高SESの人ほどXに政治的意見を投稿する。

高SES層の方がオンライン政治参加に積極的である、という理論的想定に対して、疑問を抱く読者の方もいらっしゃるかもしれません。なぜなら、ネット上でアクティブに自分の意見を書いている人は、「ひきこもりの暇人」というイメージが伝統的にはあるからです。それではそもそも、人々が政治参加するかどうかはどのように決まるのでしょうか。最も典型的な政治参加である投票について考えてみましょう。

アメリカの政治学者Downsは、投票の利益とコストという観点から人々の投票行動を論じました。[*7] 投票から得られる利益とは、「自分の望む政策が実現されること」[*8] です。投票参加のコストは、一つは「投票所に足を運ぶ労力や時間」[*9] です。もう一つは、「候補者や政党にかかわる情報の収集に必要な労力や時間」[*10] です。つまり、**投票先を判断するためには、それなりに勉強しなければならない**ということです。日本国民の多くを占める無党派層は、そもそもどの政党も支持していないのですから、投票の利益がそれほど明確ではありません。また、政治知識も少ないことが想定されるので、投票先を判断するにあたっての勉強量も大きくなります。

この「利益とコスト」という観点から、インターネットによる政治参加はどのように考えられるでしょうか。

Xを例にとって考えてみましょう。X上で意見を発信するコストはほとんどないように思えます。スマホを開いて、フォームに文字を入力して送信するだけです。しかし、話はそう簡単ではありません。例えば私は、基本的に政治的・社会的な出来事についてX上で意見を発信することはありません。私のゼミ生に尋ねてみても、全員、政治的・社会的な出来事についてX上で意見を発信することはないと答えました。理由は、政治的・社会的出来事については、ネット上に論客がいて、その人たちに噛みつかれるのが怖いからです。

これは私の周りの人間に限った話ではありません。国際大学の山口氏の調査によると、2014年における約2000名へのアンケート調査の結果、**「インターネットは攻撃的な人が多い」に同意した人は76％、「インターネットは怖いところだ」に同意した人は70％も存在しました**。[*11] つまり、X上に自分の政治的意見を投稿することは、それなりに覚悟が必要なのです。ということは、意見をするイシューについてそれなりに勉強していなければならないですし、コストも大きくなります。従って、**政治的・社会的な出来事について勉強するリテラシーが備わっている高SESの人が自分の意見を投稿しやすくなる**のです。

一方で利益はどうでしょうか。X上で政治的意見をつぶやいただけでは、政治に対して何の効果もないようにも思われます。しかし近年、国会審議の場でX上の議論が話題になることは珍しいものではなくなってきました。また、政治家個人のアカウントに対して、リプライという形で直接意見を届けることもできます。こうしたことを考えると、ユーザにとっての体感利益は、それなりに大きいものがあるのかもしれません。

資源・動機・動員

アメリカにおける実証研究の蓄積は、政治参加の規定要因を「参加に必要となる資源を備えているか」（資源）、「参加の動機となる心理的関与を持っているか」（動機）、「政治的動員のネットワークの内部にいるか」（動員）の3点に見出しました。[*12] 以下でこれらをオンラインによる政治参加に当てはめて考えてみましょう。

資源とは、時間や金銭のことです。Xで政治的な発言をする場合、投票を行ったり、デモに参加したりするという政治参加と比べると、時間や金銭はほとんどかかりません。

一方で、動機とは、政治関心や政治知識、政治的有効性感覚のことです。こうした性質を有している人は、政治参加する傾向が強くなります。政治的有効性感覚とは、自分の政治的活動が政治家を動かし、国の政策立案に反映されているという感覚です。最新のメタアナリシス[*13]では、政治的有効性感覚はオンラインの政治参加と強く相関していることが明らかになっています。[*14] また、政治関心や政治知識が高いと、政治に対する当事者意識が高まり、何かしら発信・拡散したくなるのは当然のことと考えられます。従って以下の仮説が導かれます。

- 仮説2　政治関心が高い人は、そうでない人に比べてXに政治的な投稿をする。
- 仮説3　政治知識が豊富な人は、そうでない人に比べてXに政治的な投稿をする。
- 仮説4　政治的有効性感覚が高い人は、そうでない人に比べてXに政治的な投稿をする。

動員とは、周囲からの誘いです。例えば、労働組合や職業団体、地域社会からの呼びかけ等、自分と関連する集団からの圧力を受けて政治参加を行うケースが考えられます。関連する団体から協力をあおがれると、参加を拒否するコストが上昇します。都市部在住の方には想像がつきにくいかもしれませんが、近隣との結びつきが強い農村部では、自治会のすすめで投票先を決めることはよくあることです（筆者の地元でもそうです）。

この点についてX投稿における文脈で考えてみると、オフラインでの誘いとオンラインでの誘いの二つが考えられます。オフラインでの誘いとは、実生活における友人や家族からの誘いです。自分と似た政治的態度を有し、意見交換できる仲間がいるかどうかは政治参加を促す要因になり得ます。オンラインでの誘いとは、例えばX上でのみつながっている人からの誘いが想定できます。第2章で確認したとおり、政治的な投稿を行う人のタイムラインやネットワークはエコーチェンバーがはたらいていると考えられます。似たような政治的態度を有する人から誘いを受けたり、彼らが政治的な投稿をしていれば、それと共鳴して意見表明を行うことは十分に考えられます。従って以下の仮説が導かれます。

- 仮説5　オフラインに似たような政治的態度を有する仲間がいる人は、Xに政治的な投稿をする。
- 仮説6　オンラインに似たような政治的態度を有する仲間がいる人は、Xに政治的な投稿をする。

投票行動とイデオロギー

デジタルメディアと政治参加の関係について20年以上にわたる50か国以上のデータを統合したメタアナリシス*[15]は、デジタルメディアの利用と政治活動への参加には明らかに正の相関があり、関連は年々大きくなっているということを明らかにしています。

したがって、本書では、投票率という指標を用いて、オフラインでも政治参加を行う人がオンラインでも政治参加を行うかどうかを検証したいと思います。

・仮説7　投票を行う人は、Xに政治的な投稿をする。

X上の世論分析で明らかになったとおり、2023年の大阪府知事選挙に関して、吉村候補に言及した投稿については、批判的な投稿が多数派でした。このことは、大阪府知事選挙に関するX世論はリベラルであるということを示唆します。吉村候補は保守政党である大阪維新の会（大阪維新の会が保守政党かどうかは議論のあるところですが）に所属しているため、X世論はそれに反対するリベラル派が多数となると予想されるのです。もっとも、このように人々のイデオロギーから投稿行動を予測することは第2章で否定しました。ですので、本章では念のためという形で検証しておきます。

・仮説8　リベラルな人はXに政治的な投稿をする。

以上の検討事項を踏まえて、実際のデータと照合しながら、Xで政治的な投稿をする人の実態に迫っていきましょう。

3 データ分析が明かすネット投稿のダイナミズム

分析方法と変数

大阪府知事選挙直後の2023年4月13日〜20日に、大阪府民に対してインターネットを用いたサーベイを行いました。サンプルサイズは3000でした。サンプルの性及び年代は大阪府の人口分布を参照して割付を行いました。しかし、20代男性のサンプルが十分に集まらなかったため、20代女性及び30代女性から補塡《ほてん》しました。サンプルの平均年齢は45歳であり、2022年時点の日本の平均年齢が48歳であることを踏まえると、大きな問題はないと考えられます。[*16]

本調査は、選挙期間中に投稿を行った者の特徴を明らかにするためのものです。従って、サンプルに、2023年3月から4月上旬に、大阪府知事選挙に関するポストまたはリポストを行った回数を尋ねました。ポストまたはリポストをしていない＝0、ポストまたはリポストをした＝1として、二値変数を作成してこれを従属変数[*17]としました。回答分布を**図表3-7**に示します。

	頻度	割合
0	2,822	94.07
1	55	1.83
2-3	60	2
4-9	32	1.07
10-19	16	0.53
20-29	6	0.2
30-59	1	0.03
60-99	2	0.07
100-199	0	0
200以上	6	0.2
	3,000	100

図表3-7　2023年大阪府知事選挙の際に選挙に関するポストまたはリポストを行った人の割合
（出典）筆者作成

次に、独立変数[*18]の作成について説明します。調査票では、年齢、性別に加え、学歴、個人所得、職業上の地位、都市部在住か否か、所属階層の自認について質問を行いました。政治関心については、「普段から政治関連の情報・ニュースに対して関心があるかどうか」を尋ね、「当てはまる」～「当てはまらない」の7段階で回答してもらいました。政治知識については、日本政治に関する選択式のクイズを3題出題し、3点満点で測定しました。出題したクイズは次のとおりです。これらのクイズについて、選択肢を選ぶ形で回答してもらいました。

【質問】

1　現在の衆議院選挙はどのような形態で実施されているでしょうか
2　憲法改正を発議するための要件は以下のうちどれでしょうか

3　現在の日本のデジタル改革担当大臣は誰でしょうか

政治的有効性感覚については、以下の質問項目に対して7段階（当てはまる〜当てはまらない）で回答してもらい、得点を平均化しました。本調査項目は、投票行動研究会ＪＥＳⅥの質問票に基づいています。

【質問】

1　選挙では大勢の人が投票するのだから、自分一人くらい投票してもしなくてもどちらでもかまわない
2　自分には政府のすることに対して、それを左右する力はない
3　政治とか政府とかは、あまりに複雑なので、自分には何をやっているのかよく理解できないことがある
4　政治家は、大ざっぱに言って、当選したらすぐ国民のことを考えなくなる
5　政治家は私たちのことを考えていない

動員については、「あなたの周囲には、政治的・社会的な事象について、あなたと同じ意見を持っていて意見交換ができる人がどのくらいいますか」という質問を行い、実生活とX上でそれぞれ回答してもらいました。回答の選択肢は次のとおり変数化しています。「いない」＝0、「1人いる」＝1、「2～4人いる」＝3、「5～10人いる」＝7・5、「11～20人いる」＝15、「21人以上いる」＝25。

投票率は、2023年4月に行われた大阪府知事選挙において投票を行ったかどうかを尋ねました。今回のサンプルの投票率は67・9％でした。実際の投票率は46・98％ですので、かなり投票率が高いサンプルであることには留意が必要です。

政治的態度については、第2章で使用した質問項目と同様の項目でリベラル度を測定しました。

ネット投稿をする人たちの属性

以上の変数を数理モデルに投入して、前述のロジスティック回帰分析を用いてどの独立変数がX投稿と関連しているのかを明らかにしました。**図表3－8**をご覧ください。y軸は統計的に有意だった項目、x軸はそのオッズ比です。

モデルの決定係数は０・３７３であり、十分な説明力を有していました。これは、ある大阪府民が選挙関係の投稿をするかどうかについて、この数理モデルが37・３％説明できるということを示します。低いように思えるかもしれませんが、社会学の研究分野においては十分な説明力です。肝心の分析結果については、以下のようなことが分かりました。

- 大卒以上の学歴であれば選挙関連の投稿をする確率が低くなる
- 正社員であれば投稿をする確率が高くなる
- Xの利用時間が長くなれば投稿をする確率が高くなる
- 政治関心が高くなるほど、選挙関連の投稿をする確率が高くなる
- 投票に行っている人ほど、選挙関連の投稿をする確率が高くなる
- X上に同様の意見を持った仲間がいるほど、選

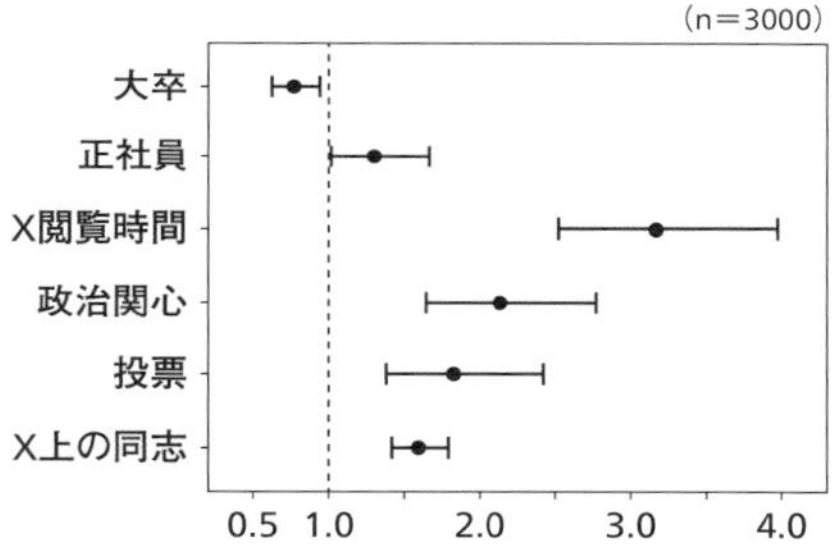

図表3-8　2023年大阪府知事選挙において選挙関連の投稿をした人の特徴
(出典)筆者作成

挙関連の投稿をする確率が高くなる

以上の結果はどのように考えたらよいのでしょうか。

SESに関しては、正社員であることだけが正の効果を有していました。これはやはり、正社員で資金力や教養がある人の方が、政治活動に投入できる労力があるからだと思われます。なお、第2章の分析では正の関係があった大卒か否かについては、今回の分析では負の関係があります。つまり、大卒でない人ほど、選挙関連の投稿をする確率が高くなるということです。これは、大阪府特有の事情と考えられますが、その背景を分析するのは私の能力を超えてしまうため、本書では結果の指摘のみにとどめます。

動機については、政治関心が比較的高いオッズ比で正の効果を有していました。これは当然のことでしょう。本書の分析では基本的に、政治知識⇓投稿、という因果関係を想定していますが、逆の因果関係を示した研究もあります。*19 つまり、ソーシャルメディアに参加することで、ユーザは政治情報を求める傾向が強くなり、結果として政治参加が促進されるということです。

動員に関しては、X上で志を同じくする友人を持つ人が情報を発信する傾向がありました。調査の設問では特に誘いについて尋ねていないため、明示的に情報発信の誘いを受けたかどうかは不明です。むしろ、X上の友人の投稿を見て共感し、つられるようにして似たような投稿をしたと考える方が自然かもしれません。これは、X上における選択的接触やエコーチェンバーと関係がある可能性があります。**人々はX上において、自分の好みに合った投稿に接触しやすく、また影響を受けやすい状況**にあります。

同志の存在が投稿行動に及ぼす影響

X上における同志の存在については、もう少し丁寧に確認しておきましょう。まず疑念があるのは、前記の回帰分析は、全サンプルのうち、選挙関連の投稿をした人とそれ以外で、X上に同志がいるかを尋ねています。サンプルには、そもそもXを全く見ない人（1409人）も含まれていますから、X上に同志がいないのは当たり前です。そうした前提での比較はフェアではないでしょう。したがってここでは、Xを全く見ない人を除外したXユーザ内で、選挙関連の投稿をした人とそれ以外を比較してみたいと思います。

その結果、選挙関連の投稿をした人に関して、X上の同志の数の平均は約6・9人（中央値は3人）、それ以外のユーザは約0・5人（中央値は0人）となりました。統計的検定の結果、この差は統計的に有意でした。以上から、**X上の同志の存在という変数は、投稿行動と密接にかかわっているる**といえるでしょう。

この現象は、沈黙のらせん理論のあらわれと解釈できます。ドイツの社会心理学者ノエル＝ノイマン（Noelle-Neumann）は、1970年代に沈黙のらせん理論を提唱しました。[*20]

沈黙のらせん理論とは、個人は常に世間の意見風土を気にしているということを前提に、**自分の意見が多数派と一致していると認識すると、自分の意見を公に表明する傾向が強まる**という理論です。逆に、自分の意見が少数派であると認識すると、表明を控える傾向があるといいます。

こうした行動傾向を媒介するのが孤立への恐怖です。人々は、自分が少数派に属していると認識した時、意見表明をすると孤立してしまうことを恐れて沈黙するのです。当初は、マスメディアが意見風土のソースとして注目されていましたが、その後の研究で、人々は参照集団（自分が帰属していると感じている集団。地域のコミュニティ等）を通しても意見風土を評価することが示されました。

この理論は、世論形成の危険性を示唆しています。つまり、表に現れる世論は多数派の世論になりがちである一方、少数派である異論が人々に届きにくく、健全な言論市場の形成を妨げる可能性があるからです。

ソーシャルメディアと沈黙のらせん理論

近年、メディアの多様化の中で、オンライン空間においてもこの理論が成立するかどうかを検証する研究が多く提出されています。これらの研究は、人々が意見風土を評価する際、ソーシャルメディアも参照集団として機能し、人々が意見を表明する際、ソーシャルメディアも公的空間として作用することを示しています。[*21]

この理論に基づいて分析結果を解釈してみましょう。たとえ現実社会では吉村候補否定派は少数派だったとしても、X上で同志がいると認識すればそこが参照集団となり、孤立の恐怖を感じることなく意見を述べることができます。それどころか、吉村候補に批判的な投稿がX上で優勢であることをユーザが察知し、同調する者が積極的に意見を表明するという事象が起き得るでしょう。

その結果、選挙結果とX上の言説には乖離が生じました。2023年大阪府知事選挙では、こうした作用により、**オフラインとオンラインで別々の世論が形成された**可能性があります。さらにいえば、吉村知事賛成派と吉村知事反対派での分断が起こっていたと見るのが妥当です。

伝統的なマスメディア時代に提唱された沈黙のらせん理論は、マスメディアが世論をある程度反映していると仮定していました。その上で、少数派が沈黙することにより不可視化されてしまうことを案じました。

しかし、ソーシャルメディアが新たに登場した現代では、必ずしも少数派が不可視化されるわけではないようです。むしろ、**ソーシャルメディアという新たな言説空間において、偽りの多数派として登場し、オフラインの意見とは異なる世論を形成する可能性**があります。これは、オフラインの世論を参照集団とする人々と、オンライン世論を参照集団とする人々の分離・分断から生じていると考えることができます。このように、今日のメディア環境においては、沈黙のらせん理論の背景にあるメカニズムは少数派を見えなくするだけでなく、ノイジー・マイノリティを可視化する機能も果たしているように思われます。

投票結果から見えてくるもの

念のため、投票率との関係も見ておきましょう。**図表3-9**は、吉村候補支持度別の投票率です。吉村候補不支持グループのほうがやや低いように見えますが、大きな差がある

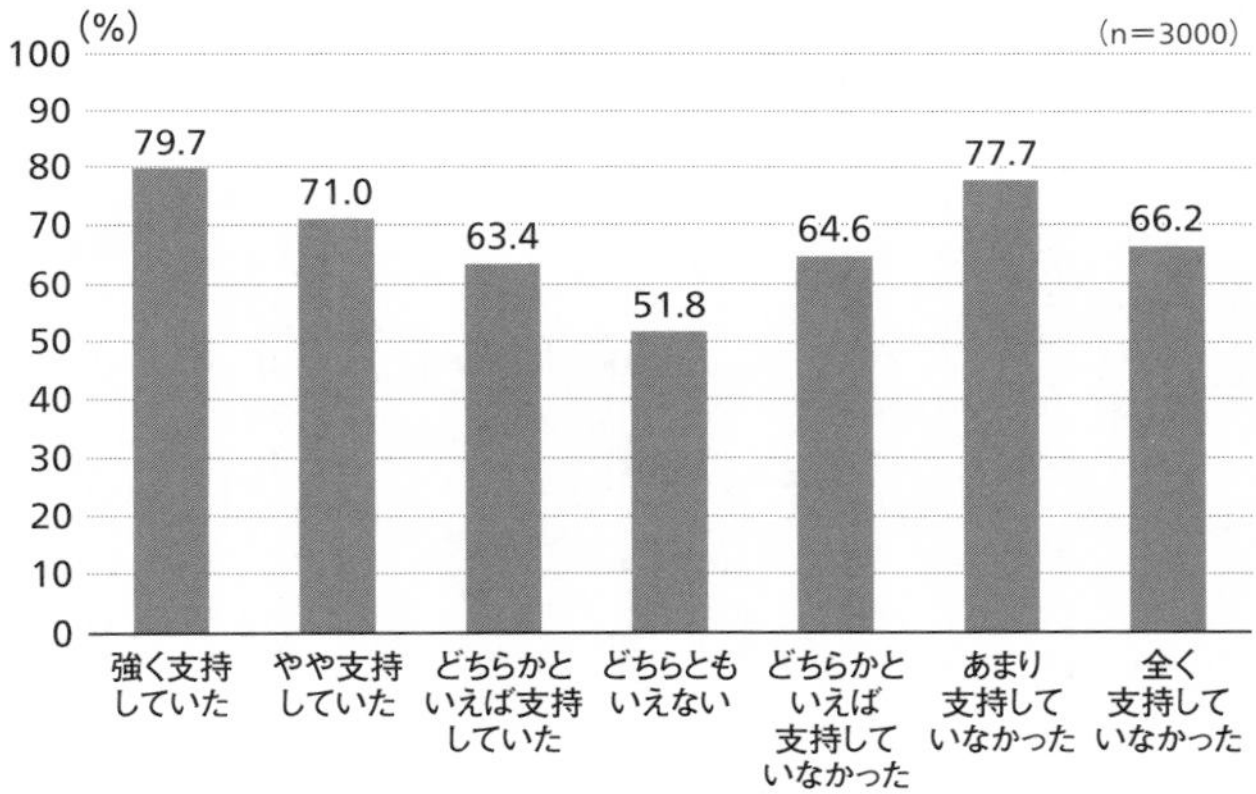

図表3-9　吉村候補への支持度と投票率の関係
（出典）筆者作成

とはいえません。

次に、「どちらともいえない」グループを除いて、支持グループと不支持グループの投票率を比較しました。その結果、前者は72・1％で後者は68％でした。しかしこの結果は統計的には有意ではありませんでした。つまり、たまたまこのサンプルに差があっただけ、という状態です。

従って、吉村候補不支持層が特段投票をしていなかったわけでもありませんでした。それでも吉村候補が圧勝したということは、やはり吉村候補不支持層は大阪府内では全体からするとマイノリティだったといってよいでしょう。**X上では、吉村候補不支持層はその数以上に活発だったことが**

示唆されます。

都合よく世論を読んでしまう人々

ここでふと疑問が湧いてきます。吉村氏を支持していない人たちは、世論をどのように読んでいたのかという点です。実は本調査では、回答者に次のような質問をしています。

【質問】
実社会の大阪府民とTwitter上で、今回の大阪府知事選挙候補者たちを支持している人の割合はどのくらいであったと思いますか？　投票結果ではなく、選挙前の雰囲気でお答えください。0点から100点でお答えください。
※0点＝全く支持されていない、100点＝全員が支持している

各候補の氏名を提示してそれぞれ回答してもらいました。この質問から得られた、吉村氏の支持度に関する認知を見ていきましょう。まず、回答者全体における、実社会における吉村氏の支持度合いに対する認知は、平均点67・8でした。概ね支持している人の方が

多いという認識をしていたようです。これは選挙結果とも一致しますから、特に気になる点ではありません。

次に、Xにおける吉村氏の支持度合いに対する認知を見てみましょう。平均点は61・4でした。マジョリティが吉村氏を支持しているという見方をとっていたようです。しかしこれはX上の世論を見誤っていたように思います。前述のとおり、投稿のうち62％は吉村氏に対してネガティブな投稿でした。

それではこれらの数字について、吉村氏を支持していない人たちとそうでない人たちの間に差があるかを比べてみましょう。

「あなたは、今回の大阪府知事選挙候補者において、吉村候補をどの程度支持していましたか」という質問に対する回答に関して、「どちらかといえば支持していなかった」「あまり支持していなかった」「全く支持していなかった」と回答したグループを吉村氏不支持グループ、「強く支持していた」「やや支持していた」「どちらかといえば支持していた」を吉村氏支持グループとしたうえで、両者の吉村氏に関する意見風土の認知を比較しました（「どちらともいえない」と回答した人は数に含めていません）。結果を**図表3－10**及び**図表3－11**に示します。

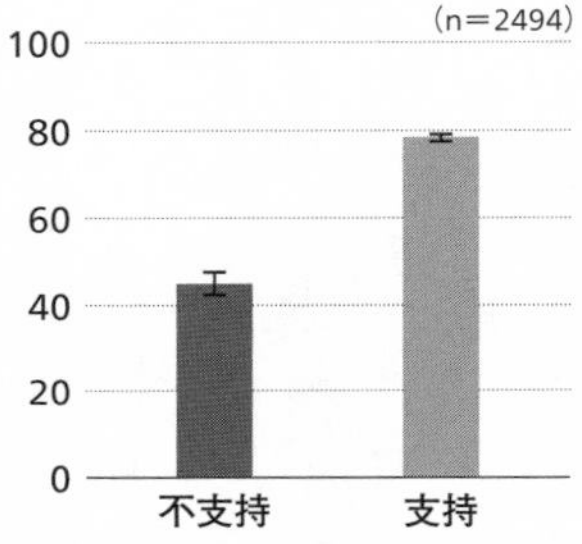

図表3-10　実社会における吉村氏支持度合いの認知
(出典)筆者作成

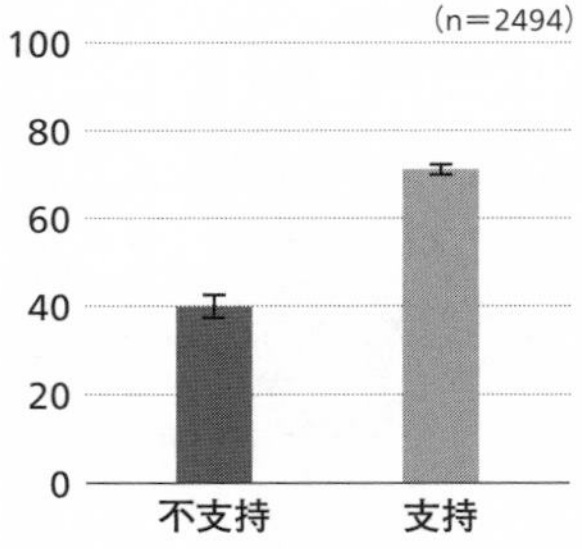

図表3-11　X上における吉村氏支持度合いの認知
(出典)筆者作成**図表３－10**は、実社会における意見風土の認知です。吉村氏不支持グループの平均点は44・9点、吉村氏支持グループの平均点は78・4点です。エラーバーに重なりがありませんので、両者は統計的に有意に差があります。つまり、**吉村氏不支持グループは、大阪における吉村氏の人気に対してかなり鈍感だった**ことが示唆されます。

続いて**図表３－11**は、Xにおける意見風土の認知です。吉村氏不支持グループの平均点は39・9点、吉村氏支持グループの平均点は71・1点です。エラーバーに重なりがありませんので、両者は統計的に有意に差があります。**X上の意見風土に関しては、吉村氏不支**

持グループの方がしっかりと読めていたことになります。X上で吉村氏を支持している人は4割くらい、という読みで、それでも多いくらいですが、吉村氏支持グループの71点は明らかに読みを外しています。

もっとも、留保が必要なこととして、第2章でも述べたとおり、X上の目に見える「言説」から、その背後にいる「人」を推察するということはあまり得策ではないということです。ただ、今回アンケート対象者は、普段のX利用から吉村氏支持度合いを推察したと考えられますので、むしろ「言説」自体をどのように読んだかを問うた質問だと解釈していただければと思います。

以上のことから何が言えるでしょうか。それはまさに、**吉村氏不支持グループも吉村氏支持グループも、自分たちの都合の良いように世論を読んでいた**ということです。不支持グループは、実社会でもX上でも吉村氏は人気がないと思っていたし、支持グループは、実社会でもX上でも吉村氏は人気があると思っていたようでした。これはまさにエコーチェンバーが起こっているということになります。

以上を総合すると、吉村氏不支持グループは吉村氏不支持グループばかりで固まり、意見形成を行っていたことが想定されます。そうした中で、自分たちの仲間も投稿する、だから自分も投稿する。きっと自分たちの意見に共鳴してくれる人はたくさんいるはずだ、と想定して意見表明を行っていたことが推察されます。

現代のメディア環境における沈黙のらせん理論

本章では、大阪府知事選挙における吉村氏不支持派の意見表明について、沈黙のらせん理論という理論枠組を用いて説明しました。

しかしここに、一つの違和感が残ります。沈黙のらせん理論のもともとの説明を思い出してください。人々が孤立を恐れて多数派意見に迎合するために、多数派はますます多数派に、少数派はますます少数派になり、意見の自由市場が歪められるという理論でした。ところが本章では、沈黙のらせん理論を、社会的な少数派である吉村氏不支持派のXにおける盛り上がりを説明するために用いました。ここで説明されたのは、少数派がますます少数派になっていくのではなく、少数派が沈黙のらせん理論の力を借りて力を持つストーリーでした。

これは何ともちぐはぐなように思えます。しかし私は、ソーシャルメディアが一般化した現代において、**沈黙のらせん理論の背景にあるメカニズムは、それが持つ意味が拡張さ**

れると考えています。

大阪府知事選挙の例を用いて説明しましょう。図表3－3が示すように、大阪府においては、吉村氏支持派が社会的な多数派です。伝統的な沈黙のらせん理論に従うならば、吉村氏支持派の声はますます大きくなり、吉村氏不支持派は不可視化されます。しかしX上で起こっていたのはそれとは逆の事態でした。

なぜそんなことが起こったのか。それは、X上では吉村氏不支持の声が可視化されたからです。図表3－11が示すように、吉村氏不支持の人の周囲ではなおさら顕著に吉村氏不支持の声が可視化されていたようです。

この背景には、第1章で説明したフィルターバブル、エコーチェンバーがあります。つまり、Xのアルゴリズムにより、吉村氏不支持派の人のタイムラインには、アンチ吉村的なコメントが多数表示されます。この作用により、吉村氏不支持派の人は、世間ではアンチ吉村氏が優勢だと誤解をします。従って、自分が少数派だという認識もなく、それ故に、伝統的な沈黙のらせん理論が起こる原因の「孤立への恐怖」も感じることなく、自分がマジョリティだと信じて（実際にX上ではマジョリティです）、吉村氏に対するネガティブな意見表明を行うのです。この点において、沈黙のらせん理論は少数派を不可視化するのではなく、社会における少数派をX上で盛り上げるものとして作用しています。これこそが、ソーシャルメディア時代における、沈黙のらせん理論の意味の拡張です。

このことが顕著に表れていたのが、次の章で紹介するジャニーズ性加害問題に関する、主要メディア、ソーシャルメディアの反応です。少し複雑な話ですが、皆さんにもなじみ深いトピックだと思いますので、読み進めていただければ幸いです。

第4章　ソーシャルメディアは社会を変え得るか

——ネット世論の希望

1　ソーシャルメディアと社会運動

オンラインによる社会運動の時代

ジャニーズ性加害問題に関するメディア分析に入る前に、本章の問題意識を確認しておきましょう。本章で問いたいのは、ソーシャルメディアによる社会運動はいかなるものか、ということです。これまで見てきたとおり、X上の世論にはバイアスがあります。しかしそのバイアスが、時には「正しい」主張を行い、社会の不正を正していく力になることがあるかもしれません。

プリンストン大学教授のゼイナップ・トゥフェックチー氏による著書『ツイッターと催涙ガス』は、アラブの春やオキュパイ運動など、世界中の社会運動に参加し、詳細なエスノグラフィを書き記しています。[*1] この著書は、特にソーシャルメディアと社会運動の関係に着目し、深い考察を行っています。以下、ソーシャルメディアによる社会運動の特徴について、この著書を参照しながら説明していきます。

第一に、ソーシャルメディアによる社会運動はそのスピードが特徴的です。かつての社会運動は、じっくりと時間をかけてメンバーを集め、計画的に抗議活動を実施します。一方で、最初からオンラインでつながりが形成される場合、準備段階をすっ飛ばし、最初に大きな盛り上がりを見せます。そしてその後、運動を長期化するために様々な調整がなされるのです。意思決定に関しても、組織化されていないがゆえに即決即断で、その場にいる友達同士で処理されていきます。これは、リーダー不在という二番目の大きな特徴に由来します。

ソーシャルメディアによる社会運動の組織は、ヒエラルキーを持たず、水平的なのです。この構造は、集団内で意見の不一致が起こると、それを適切に調整する手段を持ちません。[*2]

> この脆さは、多くの二一世紀の運動が進路を調整する能力を持たず、トップスピードで走りながら危険なカーブを曲がり切れなくなる様子を表している。参加型のリーダー不在の組織と水平主義は、ある意味で強さの源泉ではあるが、長期的に見れば危険の多い道でもある

こうした緩い構造は、時に「戦略的フリーズ」をもたらします。戦略的フリーズとは、「集団として意思を決定し、新しい状況に対応する確固たる方法を持たないために変化する状況に迅速に対応できず、必要な時に交渉や代表派遣ができないこと」[*3]を指します。

もともと政策立案の現場にいた筆者からすると、これは致命的な欠陥です。政策立案とは、調整と妥協の連続だからです。「こうするのが望ましい」ということは皆が分かっていても、それを実現するのが難しいのです。政策というのは、こちらを立てればあちら立たず、の状況ですので、必ず反対する人たちがいます。難しいのは、彼らを論破して終わり、というわけにはいかないことです。特にステークホルダーが反対している場合、ある程度納得して政策を実施していただかないといけないので、論破ではなく、納得してもらい、こちらについていただく必要があります。そうした時に必要になるのが、各ステークホルダー内で意見を調整し、団体として意見をまとめ、責任を持って政策立案担当者や他のステークホルダーと交渉することです。ところが**ソーシャルメディアによる社会運動は、内部でも一枚岩ではなく、様々な人が様々な意見を持ち、それを調整する強力なリーダーシップを持たない**のです。

一方で、ソーシャルメディアによる社会運動には、参加すること自体に効用もあります。ハッシュタグを伴う投稿を行い、運動に参加することで、集合的沸騰を経験し、気分良くなることができるのです。自分を承認してくれるコミュニティに参加しているという感覚、それを感じることができるのです。

トゥフェックチー氏は、社会運動の力を、物語の能力（人々に伝え理解を得る）、選挙・制度の能力（政治家を動かす）、打破の能力（相手方による妨害行為を打破する）という観点から捉えます。これらの力を持っているというシグナルを運動体が発することができた時、政策を動かせるというのです。

以上を踏まえ、トゥフェックチー氏はソーシャルメディアによる社会運動に希望を見出しています。最初の盛り上がりの後、いかに運動を継続的なものにしていくか、それが重要だというのです。

ネット世論と世論が一致した例

それでは、日本では意義のあるソーシャルメディア社会運動は行われたことがあるのでしょうか。X上で最大の盛り上がりを見せた、「#検察庁法改正案に抗議します」を例にとって見ていきましょう。この件に関しては、NHKが詳細な報道を行っています。[*4]

検察庁法改正案の議論の焦点となったのは、検察官の定年に関して、「内閣や法務大臣が認めれば定年を最長で3年まで延長できる」という規定でした。野党側は、東京高等検察庁の黒川検事長の定年延長との関係を問題にしました。これが政権による恣意的な人事であり、検察の独立性や三権分立を危うくすると主張したのです。

法案審議が始まると、Xが動きました。「#検察庁法改正案に抗議します」というハッシュタグがものすごい勢いで拡散したのです。わずか3日間で、470万もの投稿がありました。東京大学の鳥海氏が分析したところ、ボットやスパムの影響は少なく、当該問題に逆の立場を述べている投稿はほとんどなかったとのことでした。[*5]

なお、拡散にかかわったユーザは58・8万アカウントで、そのうち約2%のアカウントが半数以上の拡散を担っていました。「圧倒的に抗議ツイートだけあふれている状況は見たことがない。通常、こうしたテーマでは両極端になるのが通常なのに、炎上のケースとしては特異だと感じた」と鳥海氏は述べています。

これに対し、政府・与党は当初あまり反応していませんでした。[*6]

「ツイッター上の抗議の数だけでは、反発が広がっているかどうかは分からない」

「集団的自衛権の行使を可能にすることなどを盛り込んだ安全保障関連法の時のような大きな反発は感じない」

しかしその後、野党側が採決を阻止するため関係閣僚の不信任決議案を提出するなどして抵抗しました。そうした中で、朝日新聞が世論調査の結果を発表しました。内閣支持率が前月の41％から33％に下落し、検察庁法改正案に「賛成」は15％、「反対」は64％でした。**珍しく、ネット世論と社会の世論が一致していました。**

その後与党内で調整が行われ、「国民の理解なしに前に進むことはできない」（安倍首相の発言）[*7]として今国会での成立を見送る方針で一致しました。その後に放送されたNHKニュースでは、内閣支持率は37％、不支持が45％。検察庁法改正案への賛否は、「賛成」が17％、「反対」が62％でした。

このケースでは、X上に集まったネット世論が一定の影響を及ぼしたように見えます。実際、検察官の定年に関する立法府の介入という分かりやすい論点が焦点化され、人々に訴えかける物語の能力を有していました。さらに、野党側が委員会審議等で強気に抵抗するなど、政治家を動かす力も有していました。

しかし私は一番の力となったのは、朝日新聞が発表した世論調査であると考えています。政治家は今でも、マスメディアによる世論調査の結果を信頼し、それに左右される傾向にあります。「ツイッター上の抗議の数だけでは、反発が広がっているかどうかは分からない」としていた政治家も、**朝日新聞という権威あるメディアによる正式な世論調査の結果（「賛成」15%、「反対」64%、内閣支持率の下落）には動揺せざるを得なかった**のだと考えられます。

2　旧ジャニーズ問題とメディアの沈黙

明るみに出た性加害問題

次に、2023年に明るみに出て大きな注目を集めた、ジャニーズ性加害問題とソーシャルメディア、マスメディアの関係を探ります。

この現象を考える際に、再び沈黙のらせん理論を考える必要があります。ジャニーズ性加害問題は歴史の深い問題です。古くは1980年代に告発本が出るなど、少数ながら問題提起を行う者がいました。しかしこの問題が社会で広く取り上げられることはありませんでした。つまり、「沈黙」状態にあったのです。

2023年3月、イギリスの公共放送BBCは、「J-POPの捕食者 秘められたスキャンダル」というドキュメンタリー番組を放送しました。これは現在日本語字幕版がYouTubeにアップロードされており、誰でも見ることができます。[*8] このドキュメンタリー番組では、ジャニーズ問題を取り巻く日本社会の状況について、次のような言及があります。

ジャニー氏による加害行為は日本では決して秘密ではなく、それを取り巻く沈黙は、虐待そのものとほとんど同じくらい恐ろしいと言えるかもしれません。

ジャニーズ事務所は今も存続していて、ジャニー喜多川氏の名前を冠しています。これまでのところ長年の搾取について意味のある形での対応をまったくしていません。なぜそれが可能かというと、日本社会の実に大多数がいまだに見て見ぬふりをしているからです。この番組を製作するにあたり私たちは警察や複数の芸能記者、音楽プロデューサー、そして新聞やテレビ各社に連絡を取りましたが、みんな私たちの取材を断りました。「ジャニー喜多川」を話題にするとカーテンが閉ざされるかのようです。亡くなった今でさえ彼は守られています。彼が虐待した男の子たちは今や成人男性となり、自分の経験に向き合わなくてはなりません。子供は守らなくてはならない。しかしこれについて誰も責任を問われず問題の認識さえされていません。それこそがなにより恥ずべきことです。

日本において、性加害が問題化されないこと、未だ沈黙を保っていることそのこと自体が、「なにより恥ずべきこと」と痛烈に批判をしています。

しかし２０２３年、このＢＢＣの報道がきっかけとなり、沈黙は破られることとなりました。その時、ソーシャルメディアはどのような反応を示したのか。本書に引き付けていうならば、**ネット世論はどのように反応したのか。沈黙を破るために重要な役割を果たしたのではないか**。このようなことが考えられるわけです。

沈黙を続けてきたメディア

前述のとおりこの問題は歴史の深い問題ですが、まずは『週刊文春』の話から始めましょう。

1999年に『週刊文春』が、複数名の元ジャニーズJr.の証言を元に、ジャニー喜多川氏の性加害問題を報じました。これに対し、ジャニーズ事務所は名誉棄損で『週刊文春』を訴えました。最高裁判所まで争った後、結果的には、ジャニー喜多川氏による性加害の事実を認めた東京高裁の控訴審判決が2004年に確定しています（正確には、最高裁判所で上告が棄却されました）。この問題はジャニーズ事務所のトップによる性加害が事実として認定されたわけですから、大きく報じられ社会的なムーブメントが起こってもよさそうです。しかしそうはなりませんでした。

BBCの取材に対して、当時の『週刊文春』の担当者は、主要メディアとジャニーズ事務所の商業的結びつき、いわゆる忖度《そんたく》があったのではないかと語っています。実際はどうだったのでしょうか。2023年10月に、TBSは、ジャニーズ問題について報じなかった背景を探る自己検証番組を放送しています。これも現在YouTubeで見ることができます。[*9] TBSが当時の関係者にヒアリングを行ったところ、結果は以下のようでした。

当時の社会部記者「最高裁決定の時はオウムの教祖・松本智津夫被告の一審判決の3

日前だったので、特番準備などに忙殺されていて、ジャニー氏の裁判の記憶がない。本社と何か突っ込んだやりとりがあれば、さすがに記憶していると思う。会社から「やるな」みたいなことを言われたり、忖度するとかはあり得ないと思う。あくまで民事だと思ったか。刑事だったら当然ニュースにはしたと思う。」

当時の社会部デスク「会社の上層部や編成担当に何かを言われてニュースにしないということは一切なかった。仮にあったとしたら逆にあえて報じていただろう。」

少なくともTBSにおいては、忖度を行っていたという証拠は見つかりませんでした。「仮にあったとしたら逆にあえて報じていただろう」という言葉にはジャーナリズム精神を読み取ることができます。一方で、以下のような証言もありました。

当時の社会部デスク「率直に振り返って、20年前は今と社会の意識が大きく違っていて、本来はその状況に異論を唱えるべきだった社会部も男性の性被害に対する意識が低く、また週刊誌の芸能ネタと位置付けてしまったことが反省点だと考えている。」

この社会部デスクの証言からは、男性の性被害への意識の低さ、また、単なる「週刊誌ネタ」であるが故に、主要メディアの報道には載らなかったことが示唆されています。一方で、性加害の問題ではありませんが、2012年にジャニー氏が起こした追突事故に関して、TBSが報じなかった背景は次のように説明されています。

当時の報道局員「納得できなかった　忖度そのものだと思った」
当時の報道局幹部「ニュースとして報じるかどうかは様々な要素を勘案して決めている。「ジャニーズ事務所は面倒くさい」という思いや、事務所と日々向き合う編成部への配慮が、ニュースとして報じるかどうかを判断する様々な要素のうちの一つになったのは間違いない。」

以上の証言からは、「ジャニーズ事務所」という存在への特別な配慮が、TBSに報道を思いとどまらせたことを示唆しています。

2023年の話に戻しましょう。2023年秋冬時点では、ジャニーズ性加害問題の報道を見ない日はありませんでした。テレビでもオンラインニュースでも、毎日のように関連報道がなされていました。

この問題は国際的にも注目され、ＢＢＣはもちろんのこと、ＣＮＮまでもが継続的に報道を行っているほか、国連の人権理事会が調査及び記者会見を行うに至っています。この国連の人権理事会のコメントはなかなか辛辣《しんらつ》で、「事務所のタレント数百人が性的搾取と虐待に巻き込まれるという深く憂慮すべき疑惑が明らかになった」と事実を認定したうえで、「日本のメディアは数十年にもわたりこの不祥事のもみ消しに加担したと伝えられている」とメディアの責任にも言及しました。*10

旧ジャニーズ性加害問題の経緯

どうしてこのように手のひらを返したように報道がなされるようになったのでしょうか。今一度この問題を時系列で振り返ってみましょう。

２０２３年３月、前述のＢＢＣによる報道がありました。その後４月に、元ジャニーズJr.のカウアン・オカモト氏が日本外国特派員協会で性被害について記者会見を行いました。この記者会見については、日本国内のテレビメディアですぐに報道を行ったのは

NHKだけでした。他の主要メディアの報道が遅れたことについては、前述のTBSによる自己検証番組によると、性被害の問題に関しては加害者側にも取材を行って事実確認を行ってから報道を行うのが通常であり、ジャニーズ事務所に質問を行っていたとのことです。この時点でジャニーズ事務所がメディア各社に伝達したコメントは、「問題がなかったなどと考えているわけではございません」「メディアでの報道、告発等については真摯に受け止めております」というものでした。[*11]

その後5月に、ジャニーズ事務所社長のジュリー藤島氏による報告（公式ウェブサイトへの動画の掲載及びメディアからの質問に対する書面での回答）がなされました。[*12]この時点では、社会や被害者に対するお詫《わ》びを表明しつつも、性加害問題については、以下のとおり一定の留保を残したコメントを報告しました。さらに同月、「外部専門家による再発防止特別チームの設置」を行い、事実関係の調査が始まりました。

> 当然のことながら問題がなかったとは一切思っておりません。加えて会社としても、私個人としても、そのような行為自体は決して許されることではないと考えております。一方で、当事者であるジャニー喜多川に確認できない中で、私どもの方から

個別の告発内容について『事実』と認める、認めないと一言で言い切ることは容易ではなく、さらには憶測による誹謗中傷等の二次被害についても慎重に配慮しなければならないことから、この点につきましてはどうかご理解いただきたく存じます。とは言え、目の前に被害にあったと言われる方々がいらっしゃることを、私たちは大変重く、重く受け止めております。

事実上の廃業へ

8月には、特別チームが報告書を提出しました。[*13] この報告書では、被害者、ジャニーズ関係者を含む計41人にヒアリングを行っており、その結果が生々しく記載されています。結果として、性加害はあったという事実認定を行っています。

元ジャニーズJr.のヒアリング結果によれば、1970年代前半から性加害が続いており、直近では、2010年代半ばにジャニー氏から性加害を受けたと供述する被害者がいた。したがって、今回ヒアリングを行った被害者の供述からは、ジャニー氏の性加害の事実が1950年代から2010年代半ばまでの間にほぼ万遍なく存在して

いたことが認められた。（調査報告書 p.21）

さらに、メリー氏やジュリー氏をはじめとして、ジャニーズ関係者はジャニー氏の性加害を認識していたということも報告されています。その上で、メリー氏による隠蔽《いんぺい》、事務所の不作為、ジャニー氏とジャニーズJr.達との権力関係にまで問題点を指摘しています。

また同報告書には「マスメディアの沈黙」という項目があり、以下のように述べられています。

2000年初頭には、ジャニーズ事務所が文藝春秋に対して名誉毀損による損害賠償請求を提起し、最終的に敗訴して性加害の事実が認定されているにもかかわらず、このような訴訟結果すらまともに報道されていないようであり、報道機関としてのマスメディアとしては極めて不自然な対応をしてきたと考えられる。（調査報告書 p.53）

テレビ局をはじめとするマスメディア側としても、ジャニーズ事務所が日本でトップのエンターテインメント企業であり、ジャニー氏の性加害を取り上げて報道すると、ジャニーズ事務所のアイドルタレントを自社のテレビ番組等に出演させたり、雑誌に掲載したりできなくなるのではないかといった危惧から、ジャニー氏の性加害を取り上げて報道するのを控えていた状況があったのではないかと考えられ、被害者ヒアリングの中でも、ジャニーズ事務所が日本でトップのエンターテインメント企業であり、ジャニー氏の性加害を取り上げて報道するのを控えざるを得なかっただろうという意見が多く聞かれたところである。

このように、ジャニーズ事務所は、ジャニー氏の性加害についてマスメディアからの批判を受けることがないことから、当該性加害の実態を調査することをはじめとして自浄能力を発揮することもなく、その隠蔽体質を強化していったと断ぜざるを得ない。その結果、ジャニー氏による性加害も継続されることになり、その被害が拡大し、さらに多くの被害者を出すこととなったと考えられる。（調査報告書 p.53）

以上のように、**調査報告書は、マスメディアとジャニーズ事務所の商業的結びつき、いわゆる忖度について手厳しく指摘しています。**9月7日、前述の調査報告を受けて、ジャニーズ事務所は記者会見を行いました。この記者会見では、性加害の事実を認め、社長交代という形で責任を取ろうとする一方、「ジャニーズ」の名前を引き続き残すことが報告されました。

しかしこの内容が不評で、10月2日に2度目の会見が行われました。そこで報告されたのは事実上の廃業でした。「ジャニーズ」という名前を廃し、新社名を「SMILE-UP」とすること、「SMILE-UP」は被害者の補償業務のみを行い、その後に廃業すること、新たにマネジメント会社を設立し、現在の所属タレントは希望があればエージェント契約を行うこと、ジュリー氏は新会社の運営には一切かかわらないことなどが報告されました。

以上のように、約半年間に渡るジャニーズ騒動は、ジャニーズ事務所の事実上の廃業によりいったん区切りがつきました。

3　沈黙はなぜ破られたのか？

データ分析の方法

本節では、筆者の研究チームが行ったジャニーズ性加害問題に関するXとニュースメディアのデータ分析の概要を紹介します。*14

まず、ニュースメディアデータに関しては、日本におけるほぼ全てのオンラインニュースをカバーするデータセット、Ceek.jpから入手しました。このデータセットには、出版社名、見出し、無料でアクセスできるニュース記事の最初のセグメントなど、様々な詳細情報が含まれています。我々は、「ジャニーズ」を見出しまたは記事冒頭部分に含むニュース記事を抽出しました。対象期間は2023年3月1日～8月31日までの6か月間で、総記事数は1万4808件でした。

Xのデータ収集は、XのSearch APIを使用して行いました。検索語は「ジャニーズ」「ジャニー」「ジャニ」「#ジャニーズ」です。データ集計の期間は、ニュースメディアの収集期間に合わせて、2023年3月1日から2023年8月31日まででした。この期間に、約1450万件のポストという膨大な投稿がなされました。そのうち1130万件がリポスト（77・5%）でした。

以上の膨大なデータセットを前にしてまずやらねばならないことは、性加害に関連するニュースや投稿を、ジャニーズ関連の一般的なコンテンツから分離することでした。ニュースメディアについては、性加害に関連するものであるかどうかを研究チームのメンバーが手作業で分類しました。その結果、3066件（26・1%）が性加害に関連するニュースでした。

Xのデータについては、全ての投稿を手作業で分類することは現実的ではありませんでしたので、キーワードベースで分類を行いました。詳細は省略しますが、「性加害」に関連する単語を含む投稿を性加害関連の投稿として分類しました。その結果、性加害に関連する投稿は約248万件（ジャニーズに関連する投稿の約17・1%）でした。また、ユーザ数は45万6645人でした。

Xにおける投稿の量的推移

それではまず、調査対象期間におけるジャニーズ関連、性加害関連のオンラインニュース報道とXの投稿の量的推移を見てみましょう。**図表4-1**はニュース報道の量及び投稿量の推移、ニュース報道及び投稿量の推移を示しています。

8か所ほどスパイク（量または割合が急増している箇所）が見られます。これらは、**図表4-2**の出来事に対応するものと思われます。

図表4-1を見ると、ニュースメディアは③ジュリー氏の動画までは報道が低調である

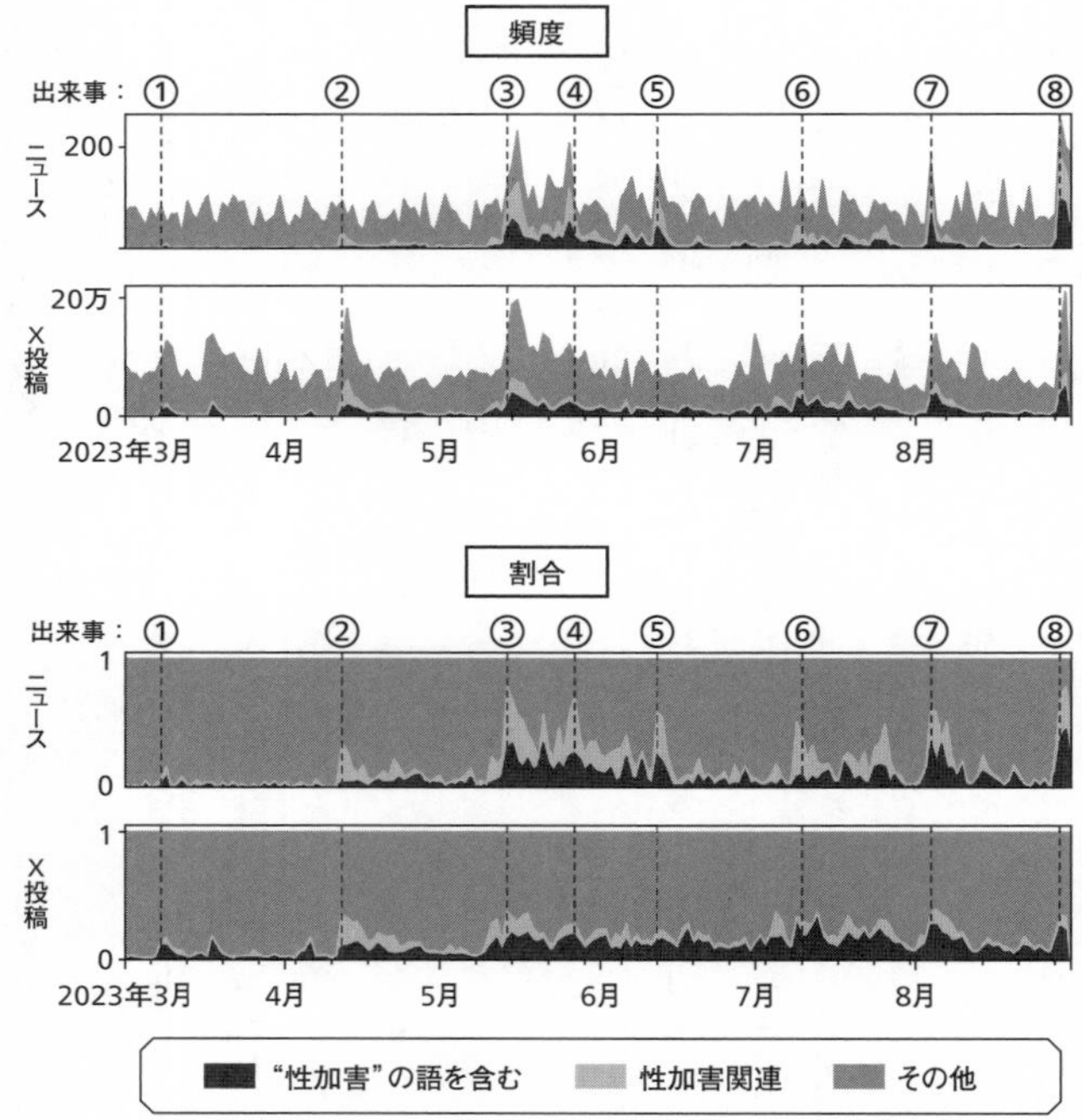

図表4-1　ニュースメディア及びXにおけるジャニーズ関連の報道と投稿の推移

（出典）筆者の研究チーム作成

No.	日付	出来事
①	3月8日	イギリスのBBCが、ジャニー喜多川氏による性加害の疑惑を詳細に伝えるドキュメンタリー番組を放送した。
②	4月12日	元ジャニーズJr.のカウアン・オカモト氏が日本外国特派員協会で記者会見を行った。
③	5月14日	ジャニーズ事務所の社長であり、ジャニー喜多川氏の姪でもあるジュリー藤島氏が謝罪ビデオを公開した。
④	5月27日	立憲民主党が「児童虐待防止法改正案」を国会に提出。
⑤	6月12日	事件の真相究明とコンプライアンスの徹底を目的とした外部専門家による特別チームが編成・配備された。
⑥	7月10日	ジャニーズに多くの楽曲を提供してきた有名ミュージシャンの山下達郎が、性加害疑惑についての発言を行った。
⑦	8月4日	国連作業部会が記者会見を開き、ジャニーズの性加害に関わった数百人が補償を受ける権利があると主張。
⑧	8月29日	特別チームが記者会見で事実関係を発表し、調査報告書の内容を詳しく説明。

図表4-2 旧ジャニーズ事務所性加害問題における出来事
（出典）筆者作成

一方、Xユーザは既に反応している様子が見て取れます。①BBC報道時点及び②カウアン・オカモト氏の会見時点では、「性加害」という単語を含む投稿の割合が、ニュースメディアよりもXの方が多く、①BBC報道時点では、ニュースメディア0・01に対してX投稿0・10、②カウアン・オカモト氏の会見時点では、ニュースメディア0・03に対してX投稿0・10でした。しかし、③ジュリー氏の動画公開の頃には、「性加害」という単語を含むニュースメディアの記事が大きく拡大し、ジャニーズ関連のトピック全体の0・30を占め、X投稿の0・15を上回りました。その後、ニュースメディアは性的虐待を大きく取り上げ続けました。

メディアはどのように報じたか

次に、ニュースメディアの出版元別の報道状況を見てみましょう。筆者は、データセットに含まれるニュース・ドメイントップ150（これらによるニュース配信で全ニュースの99・8%を占めます）を、出版元の性質に着目して分類しました。その結果、以下の5つに分類されました。

- テレビ：テレビ局のニュース（6・7%）
- 新聞：新聞社が発行するハードニュースを中心としたニュース（18・7%）
- 雑誌：雑誌社が発行するニュース（14・0%）
- タブロイド紙：新聞社が発行する、スポーツや芸能などのソフトニュースを中心としたニュース（5・3%）
- オンラインニュース：オンラインニュース専門会社が運営するニュース（55・3%）

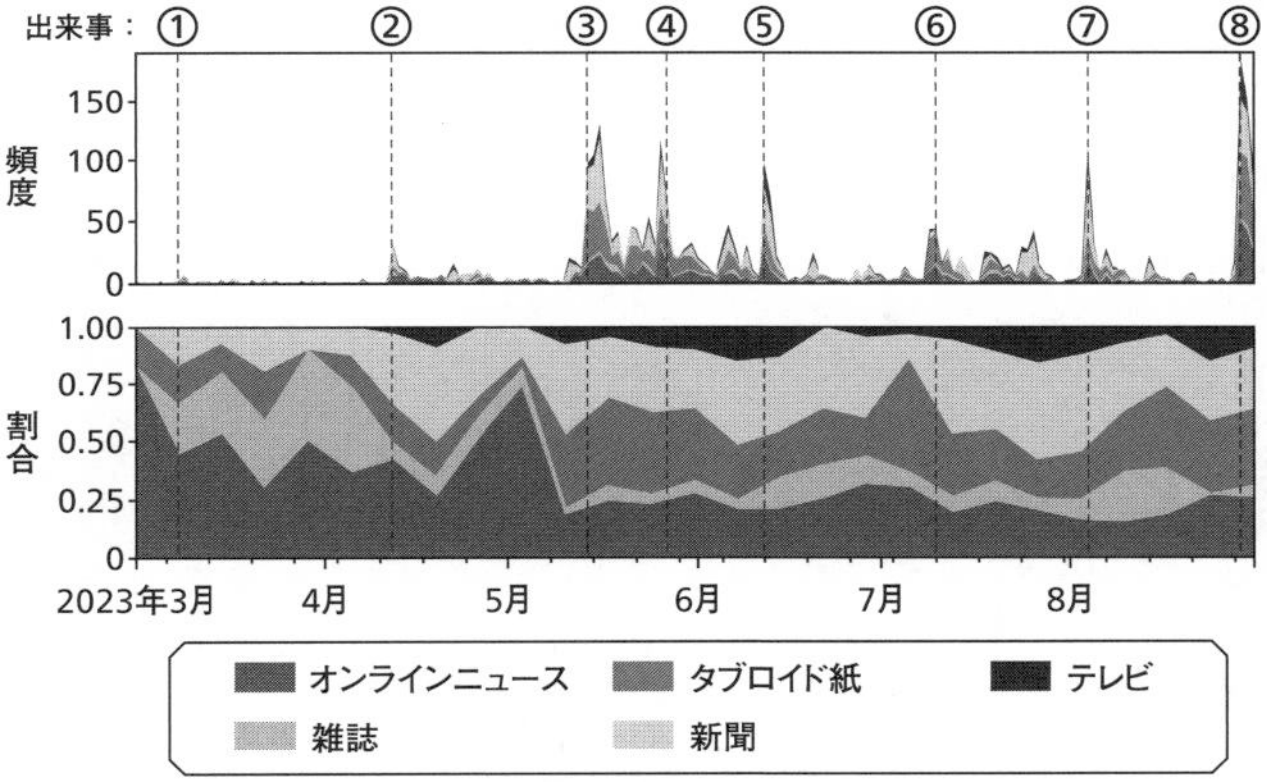

図表4-3　媒体別のジャニーズ関連報道量の推移
（出典）筆者の研究チーム作成

図表4－3は、媒体別にニュースメディアの報道回数（上）と比率（下）を示したものです。この結果から、当初はオンラインニュースと雑誌が報道をリードしていたことが分かります。主要メディア、特に新聞とテレビが報道を始めるのは、③ジュリー氏の動画公開以降です。

Xユーザはどう反応したか

最後に、Xユーザの反応を見ていきましょう。我々はまず、ユーザの分類を試みました。ユーザの分類には様々な方法があるのですが、今回はネットワーククラスタリングという方法を用いました。具体的には、あるユーザAがユーザBの投稿をリポストしたら線でつなぎ（この場合のユーザをノード、線をエッジといいます）、最も多くの人が互いにつながっているグループを抽出して可視化します。その結果、35万9109ユーザ（性的虐待について言及したユーザの78・6％）のネットワークが得られました。さらに分析を明瞭にするために、細かなノードやエッジを除去し、3万840のユーザを残しました。

次に、作成されたネットワークに対してクラスタリング（似た者同士を分類する教師なし機械学習）という手法を用いてユーザを分類します。コミュニティ構造の検出に有効な手法を用いてクラスタリングを行った結果、最もノード数が多い5つのグループが抽出されました。この5つのクラスタはネットワークの84・5％を占めています。

見づらいかもしれませんが、**図表4－4**は、リポストネットワークの分断を明確に示しており、**エコーチェンバーが起こっている**ことが分かります。このようなグループは通常、対立する視点を持ち、自分たちのクラスタ内で主にコミュニケーションをとる傾向があり、グループを超えた交流はほとんどありません。

ユーザグループの特徴を把握するために、各ユーザのプロフィール文を抽出し、Tf-Idf[*15]という統計的手法を用いて各グループのトピックを抽出しました。**図表4－4**では、Tf-

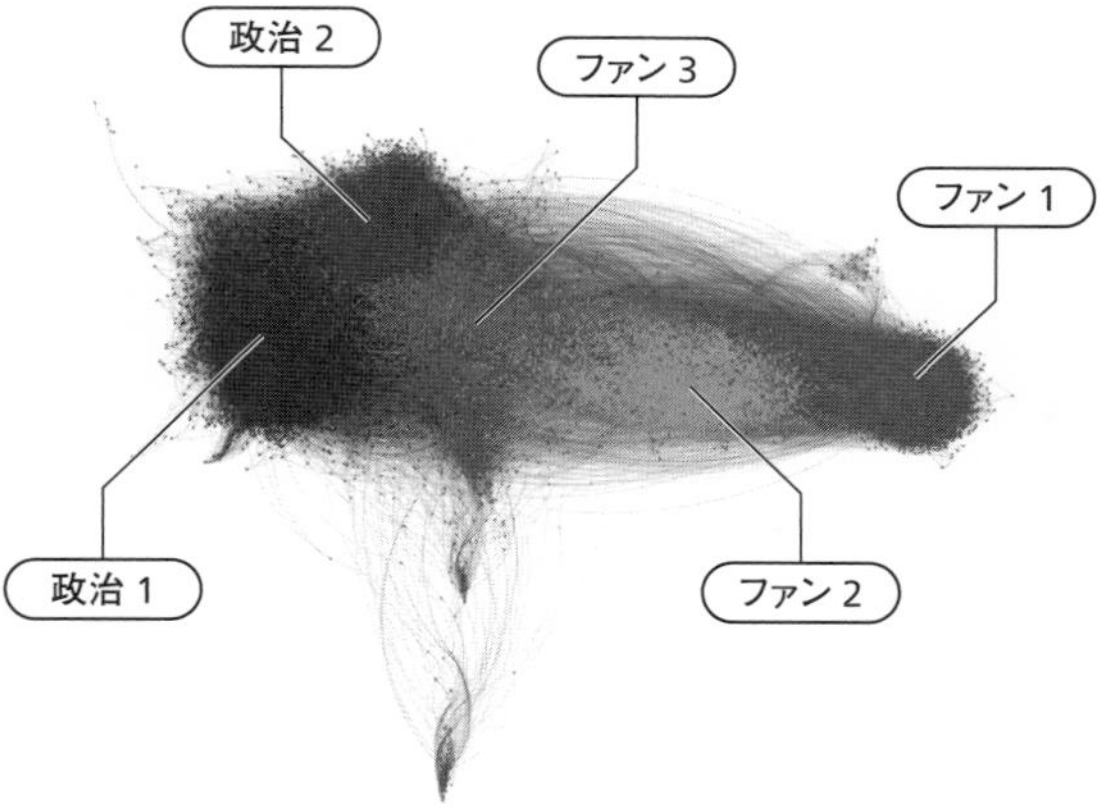

各ユーザのプロフィール文の様子

政治 1	政治、反対、日本、映画、音楽、応援、社会、趣味、原発、自由
ファン1	応援、ファン、箱推し、日本、johnny、松本潤、kinki、相葉、木村拓哉、NEWS
政治 2	日本、日本人、政治、趣味、反対、応援、アニメ、賛同、ゲーム、反日
ファン 2	SMAP、応援、アニメ、ファン、映画、趣味、音楽、king、ゲーム、多め
ファン 3	SMAP、king、応援、ARA、prince、紫耀、prism、箱推し、ファン、新しい地図

図表4-4　Xユーザが形成するネットワーク
（出典）筆者の研究チーム作成

Idfの上位10語から導き出されたユーザの分類を示しています。この10語に基づいて、各グループの性格を推測するのです。その結果我々は、3種類のファン（ファン1〔ネットワーク・ノードの14・8％〕、ファン2〔11・6％〕、ファン3〔11・3％〕）と政治1（32・2％）と政治2（14・5％）という性格付けを行いました。

これにはもう少し説明が必要でしょう。ファン1は、Kinkiや木村拓哉、松本潤のように、データ取得当時旧ジャニーズ事務所に所属していたグループや個人をプロフィール文に記載しており、ジャニーズ事務所への愛着が見て取れます。逆に、ファン2とファン3のプロフィール文には、SMAPやKing & Princeなど、多くのメンバーがデータ取得当時すでにジャニーズ事務所を辞めていたグループの名前が記載されています。このようなファン層の分断は、スキャンダル発覚以前から、複数のアイドルグループが独立のためにジャニーズ事務所を退社する傾向にあったジャニーズ事務所の状況を反映していると考えられます。

また、政治1及び政治2のグループは、政治や日本、社会、原発などのキーワードが入っているため、普段政治的な投稿を行っているユーザだと判断しました。ソーシャルメディア上では、政治的ユーザは話題の議論に参加することが多いため、今回もジャニーズ性加害問題に対して自分たちの意見を述べたのだと思います。

各グループでシェアされた投稿については、一般人による投稿なのでその詳細をここに示すことはできませんが、概要は以下のとおりでした。ファン1は主に「#ジャニーズ事務所を応援します」というハッシュタグが付いた投稿などをシェアしており、ジャニーズ事務所を擁護し、告発者を批判していたことが見て取れます。一方、ファン2の投稿はやや中立的で、事件の経過を伝える投稿が多くありました。ファン3はジャニー氏を批判する投稿が主流のようでした。従って、ファン1、ファン2、ファン3のスタンスは、それぞれ、親ジャニーズ、中立、反ジャニーズであることが分かります。

政治グループは基本的にジャニーズに批判的で、他のスキャンダルに比べてジャニーズ事務所だけが長年許されてきた不公平さ、沈黙を守るメディアや芸能界、政党の対応など、この問題の様々な要因に対する批判が最も多くシェアされています。

図表4-5は、各グループの投稿量の推移（量及び割合）です。政治グループとファン2（中立）が最初に反応し、ファン3（反ジャニーズ）がそれに続いています。その後、5月になってようやくファン1（親ジャニーズ）が現れていることから、ジャニーズとの関係性の強さと対応の遅れに関連性があることが分かります。

また、BBCドキュメンタリー後のネットワークの時系列的な内訳を見ると、興味深い結果を示しています。当初は反ジャニーズ的な言説（ファン2、ファン3、政治1、政治2）が支配的だったのですが、ジュリー氏の謝罪動画（5月14日）と外部専門家による調査の開始（6月12日）の後、ネットワークのもう一方の面（ファン1）が出現し、最終的にエコーチェンバー現象を形成しています（図表4－6）。

以上、かなりテクニカルな方法を用いてX上の様子を分析してきました。読みづらい箇所も多かったかもしれませんが、**ソーシャルメディアを客観的に分析しようとすると最低でもこれくらいの専門的な分析が必要なのです**。タイムラインを眺めて「なんとなくこんな意見が多い」では全く分析できていないといわなければならないでしょう。

少数派が多数派になった瞬間

ジャニーズ性加害問題の沈黙が破られる過程で、ソーシャルメディア及びマスメディアはどのような反応を示したのでしょうか。**図表4－1**を見ると、最初のスパイクは3月のBBCによる報道です。この報道に最初に反応したのはXでした。ニュースメディアはこの時点ではあまり反応していませんでした。その後、告発者であるカウアン・オカモト氏

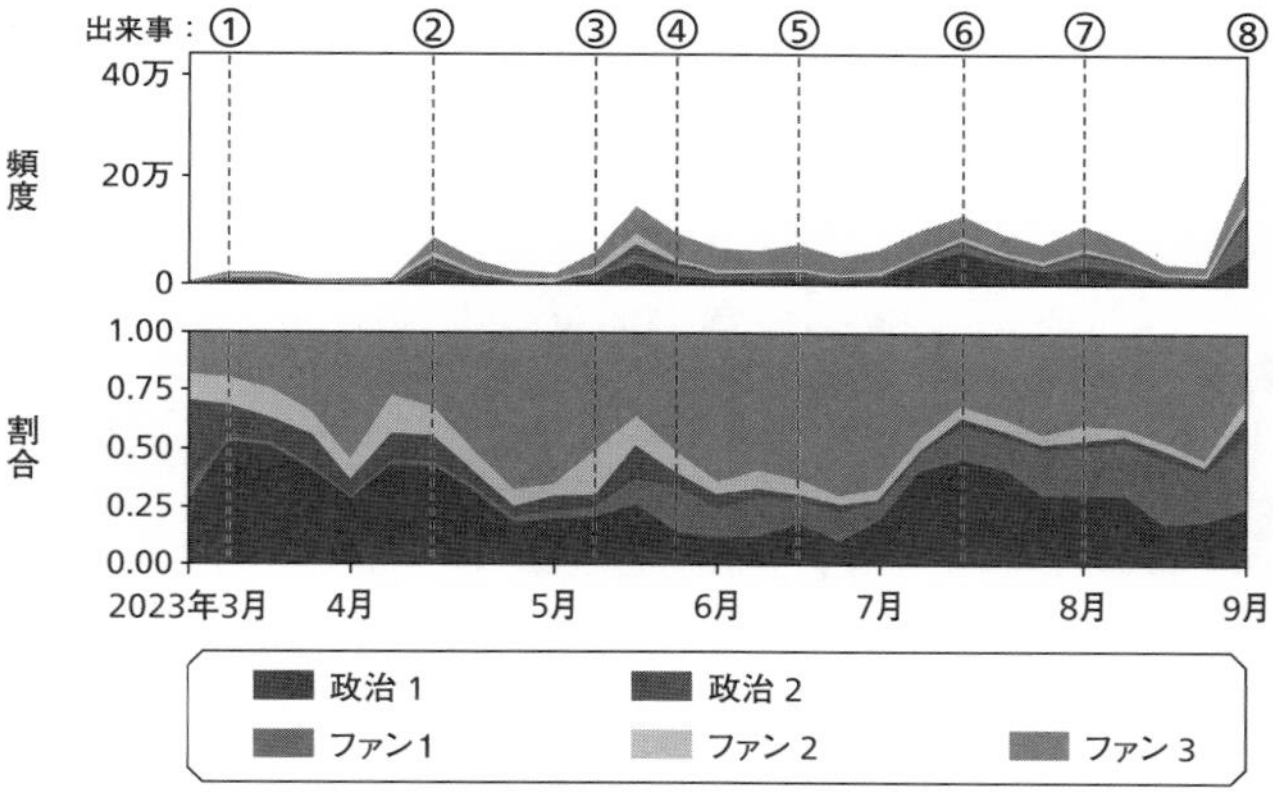

図表4-5 各ユーザグループの投稿量の推移(量及び割合)

(出典)筆者の研究チーム作成

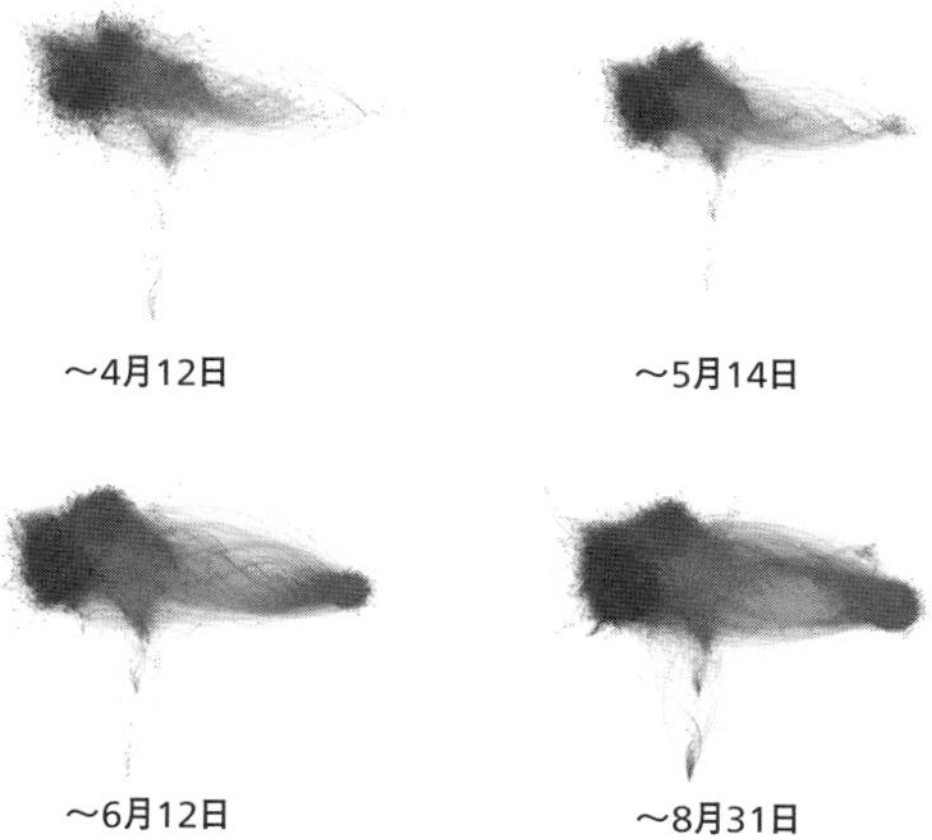

図表4-6 Xユーザネットワーク形成の時系列

(出典)筆者の研究チーム作成

による記者会見をきっかけとしてオンラインニュースが報道を始めました。

このことから、沈黙を破ったのはＢＢＣ報道及びＸユーザだったことがうかがえます。ジャニーズ問題は、長い間アンタッチャブルでしたが、ＢＢＣ報道という権威を得ることによりＸユーザが反応したと考えられます。

ここで沈黙のらせん理論を思い出してください。Ｘは、国内主要メディアが反応していなくても、Ｘ上に同じ問題意識を持った仲間がいる時、それはユーザにとって参照集団となり、ユーザが意見表明をしやすい環境を作り上げます。**たとえ少数意見だったとしても、未だ「世論」になっていなかったとしても、身近に同志がいると意見を表明しやすいのです。**この点において、ソーシャルメディアであるＸも確かに参照集団としての役割を果たしています。今回はこうした事情に加え、国際的に権威のある英国公共放送ＢＢＣがドキュメンタリーを報道したことも、意見表明をしやすい雰囲気を作り出したと考えられます。

さて、性被害に関するムーブメントと聞いて、#MeToo運動を思い浮かべる方も多いと思います。#MeToo運動とは、映画プロデューサーのハーヴェイ・ワインスタインが数十人（最終的に80人以上の告発者）に対して30年に渡って性的暴行を繰り返していたことがきっかけとなって起こった社会運動であり、今回のジャニーズ性加害問題と似ています。加えて、2017年のTIME誌のPerson of the Yearに選ばれたのが、性加害を告発した女性達であり、彼女たちは“Silence Breakers”と呼ばれたことを鑑みれば、より今回との類似性が見いだされます。

しかし、ジャニーズ性加害問題とワインスタイン問題との違いは、大きく2つあります。一つは、#MeToo運動においては、告発者の声が即座に広がったことです。#MeTooは今や時代を代表するハッシュタグアクティビズムとなっており、実際に女優のアリッサ・ミラノが#MeTooを発信したあとは、即座にこの運動は大きく広がりました。

もう一つは、メディアの対応です。ワインスタイン問題において、メディアの沈黙や対応の遅さといった批判は多くなく、実際に、アリッサ・ミラノの#MeToo発信の後、多くのメディアがワインスタイン問題を取り上げたことが報告されています。[*16][*17] またそもそも、日本ではその文化的背景から#MeToo運動は盛んにならなかったと指摘する研究もあります。[*18]

ジャニーズ性加害問題に話を戻しましょう。その後、ジャニーズ事務所社長ジュリー氏の動画報告で意見風土は大きく変化します。これをきっかけに、主要マスメディアであるテレビや新聞が報道し始めます（図表4－3）。つまりこの時、ジャニーズ性加害問題は「社会問題」となったと考えられます。同時に、ジャニーズ性加害問題を問題視することが世論の多数派となったのです。

この作用により、一部のXユーザにとってだけではなく、世間一般の人々にとって、ジャニーズ問題を批判することがマジョリティ、つまり意見風土となり、一気に意見表明が一般化したと考えられます。

クラスタ別の動向

続いて、Xユーザの動向を確認しましょう。リポストネットワークの分析により、ユーザは細かくは5つに分けられましたが、大きくは3つに分けて議論を進めたいと思います。ファン1、ファン2及び3、ファン以外のユーザです。

ファンを二つに分割することについて再度説明しておきましょう。ジャニーズ事務所に関しては、当時事務所を離反して活動するアイドルグループが続出しており、それに伴ってファンも分裂を始めていたようです。ファン1は、ジャニーズ事務所という存在にロイヤリティを感じており、主に同事務所に所属しているアイドルを応援していたグループです。ファン2及び3は、かつてジャニーズ事務所に所属していたけれど、当時すでに離反していたアイドルも含めて応援しているグループであり、アイドル自体に愛着はあるものの、事務所と一定の距離があるグループだと考えられます（全てデータ取得時の話）。

ジャニーズ性加害問題に最初に反応したのはファン以外のユーザ（特に政治問題に関心があるユーザ）及びファン2、3でした（図表4－5）。**図表4－4**のとおり、ユーザグループごとにエコーチェンバーが起こっており、特にカウアン・オカモト氏の会見の後は、彼らのタイムラインにはジャニーズ問題が多く表示されたことでしょう。

これが意見風土となり、X上におけるジャニーズ問題の沈黙は破られました。**最初に沈黙を破ったのはジャニーズ事務所のファンではなかった**のです（もっとも、2023年4月に、ジャニーズファンの一部団体が「ジャニーズ事務所の性加害を明らかにする会」を立ち上げて署名活動を行い、約1万6000件の署名をジャニーズ事務所に提出して問題の解明と謝罪を要求しています）。ジャニーズファンが反応し始めるのは、ジャニーズ事務所によるオフィシャルな動画報告の後です。

社長の動画報告から調査チームの報告までは特に、ジャニーズ事務所が危機に陥ろうとしている期間であり、この危機に際してファン1が反応を示すようになったのかもしれません（図表４－５）。ファン１のクラスタ内でシェアされた投稿を見ると、性加害に懐疑的で、ジャニーズ事務所を擁護するような投稿が見られました。

それに対して他のグループは、ジャニーズ事務所の責任やメディアの責任など、世論化されたジャニーズ問題と同様の論調を示しています。これらのグループは、沈黙を破るとともに多数派世論を形成したのです。一方で、ジャニーズを擁護するファン１グループは、エコーチェンバーにより時間を経るとともに拡大していきます（図表４－６）。

ここで注目したい点は、ファン１は問題の渦中にあっても、ジャニーズ事務所を擁護するというマイノリティの意見を有していたということです。**多数派となったジャニーズ事務所の糾弾《きゅうだん》という現象の中で、彼らだけがジャニーズ事務所を擁護していた**のです。この点で彼らはいわゆるハードコア層としてジャニーズ問題に加わっていたことになります。ハードコア層とは、沈黙のらせん理論の提唱とともに発見された人々で、たとえ少数派であってもかたくなに自分たちの意見を表明しようとするグループのことをいいます。

今回のファン１には、次のような特性があったと考えられます。第一に、エコーチェンバー現象で同じ意見を持つ仲間とともに意見表明を行っていたため、孤立への恐怖を免れていたということ。第二に、仮に孤立を認識していたとしても、ジャニーズ事務所への強い愛着が強い態度の確信度を形成し、世論と異なる意見表明を行うことに抵抗がなかったということ。実際に、態度の確信度が強い人は、沈黙のらせん理論の影響を受けにくいことを実証した研究もあります。*19

少数派が力をつけるストーリー

以上の議論をまとめましょう。

ＢＢＣ報道の後、ジャニーズファン以外のＸユーザにより沈黙は破られました。その後、ジャニーズ問題を糾弾することが多数派となります。そしてこのタイミングで、ジャニーズ事務所を擁護するというハードコア層が生まれました。これを担ったのはジャニーズ事務所のファン層でした。

つまりジャニーズ問題に関する世論のプロセスでは、多数派意見の逆転現象が起きています。問題が可視化されていないうちは少数派だったジャニーズ糾弾の世論が、主要メディアによって報道された後、多数派となります。そして今度はジャニーズを擁護する世論が少数派となります。

このことが示唆することこそ、前章の終わりに触れた沈黙のらせん理論の意味の拡張です。すなわち、**ソーシャルメディア時代においては、エコーチェンバーにより孤立の恐怖を感じにくい**のです。たとえ少数意見であっても、フィルターバブル、エコーチェンバーによって、自分の周囲において自分と似た意見が可視化されます。従って、たとえ主要メディアやXユーザのマジョリティが形成する社会の多数派意見が自身の意見と異なっていても孤立への恐怖を感じにくく、容易に意見表明を行うことができるのです。さらにいえばこの層は、自身が少数派であることすら認識できていないかもしれません。ジャニーズ問題をめぐるXユーザの反応は、まさにこの点を示唆しています。

もっともこの点は、オフラインにおけるソーシャルネットワークでも同様のことが起きていると報告されています。日本国内で行われた研究によると、ハードコア層は身近な人々の中に自分と同じ意見の人が多いと見積もっていたのです[*20]。オフラインですらそのような事態が起こるのですから、オンライン上ではソーシャルメディアの機能により、より顕著にそうした事態が起こると考えることは妥当です。しかも、プラットフォームのアルゴリズムにより、身近に同意見の人が可視化される傾向は大幅に増幅されます。

沈黙のらせん理論が1970年代に提唱された当時は、人々が孤立を恐れて多数派意見に迎合するために、多数派はますます多数派に、少数派はますます少数派になり、意見の自由市場が歪められるということが指摘されました。しかし本書で確認したのは、少数派（初期におけるジャニーズ糾弾派、中期におけるジャニーズ擁護派）がエコーチェンバーの力を借りて力をつけるストーリーでした。特に、**図表4－6**が示す、ジャニーズ擁護派が拡大していく様子は、少数派はますます少数派に、という伝統的な沈黙のらせん理論の説明とは真逆です。

ここに、沈黙のらせん理論の意味の拡張が見て取れます。すなわち、**オンラインソーシャルメディア時代において、沈黙のらせん理論の背景にあるメカニズムは、「ネット世論」という新たなフィールドで、社会の少数派が増幅する機会を与えている**のです。

社会悪を明るみに出すのは誰か

議論の最後に、本章のメディア産業への示唆を述べておきます。いわゆる忖度の問題です。

本来、沈黙を破り、社会に存在する悪を社会問題化するのはメディアの役割だと考えられます。実際、今回はＢＢＣという海外メディアがその役割を果たしました。そしてそれを日本国内でバーストさせたのはＸというソーシャルメディアでした。

当時ジャニーズ事務所がどのような意思決定プロセスの中にあったのかは定かではありませんが、ソーシャルメディアでの盛り上がり及びそれを受けての主要メディアからジャニーズ事務所への質問が、ジャニーズ社長の動画報告を誘発したことは否定できないでしょう。そして日本の主要メディア（テレビ、新聞）は、この動画報告及び質問回答を受けて頻繁に報道を行い始めました。**この時すでに、ソーシャルメディアレベルでは沈黙は破られていましたが、この段階になって初めて主要メディアレベルでの沈黙は破られた**と考えられます。その後、本件の報道は断続的に増えていきます。ゴシップから社会問題になったのです。

さて、忖度についてですが、TBSの自己検証番組の中では、「忖度はなかった」というスタッフ、「忖度はあった」というスタッフ、「忖度はただのビジネスであり悪いことではない」というスタッフがいたため、少なくともテレビ局における集合的意思決定としてジャニーズ事務所への忖度があったかは確定できません。以下にTBSスタッフの証言の一部を引用します。

【忖度はなかったとする証言】

元ドラマプロデューサー「圧力を感じたことは一度もない。忖度を強要されたこともない。人として向き合っていれば、話をすることができる。」

【忖度はあったとする証言】

制作経験者「気に入らないことがあるとすぐに『タレントを引き上げるぞ』と言うため、企画がガラッと変わるなど、振り回された感があった。」

制作経験者「なぜ、忖度するかというと番組出演をなくされるのを恐れていたから。実際に、ジャニーズ事務所のグループが出演していた人気番組が、事務所とのトラブルから打ち切られたという話を聞いたことがある。」

【忖度はただのビジネスであり悪いことではないという証言】

制作経験者「『キャスティングで圧力』とか言われるが、それは通常のビジネス。『うちの得にならないからこうしてくれ』と言うのが、なぜ圧力なのか。現場は「このタレントを出したい」と言い、事務所が『それはライバルだからやめてくれ』と言う…どっちがいいのか考えるというのは普通のこと。」

多メディア時代の昨今、ソーシャルメディアが発端となり沈黙が破られる本件の事例のような存在を鑑みれば、メディア企業と産業の商業的結びつきにより社会悪を封殺してしまうことは現実的ではなくなっているのかもしれません。

第5章　フェイクニュース時代の歩き方

──ネット世論と向き合う

1　イメージに支配される私たち

最終章となる本章では、ネット世論と向き合う際に必要となる考え方について議論を行います。

タコツボ化された世論

現代は、自分の声を表明する媒体が数多くあります。インターネット無き時代は、マスメディアの世論調査か、新聞や雑誌の投書欄、テレビの街頭インタビューくらいでしたが、現代においては、X、Instagram、YouTubeやTikTokのコメント欄、5ちゃんねるなどの掲示板など、枚挙に暇がないほど、自分の意見を表明する媒体があります。

世論形成に関する理論として本書が参照してきたのが、沈黙のらせん理論でした。そして、第3章及び第4章で見てきたとおり、ソーシャルメディア時代において沈黙のらせん理論はその意味を拡張しています。かつては多数派はますます多数派に、少数派はますます少数派になり、意見の自由市場が歪められるとネガティブにとらえられたこの理論は、現代では少数意見を増幅させる装置として作用しています。だからこそ、**タコツボ化され**

た世論が無数に存在してしまうのです。

今から約50年前、1977年に山本七平という評論家が『「空気」の研究』という本を書きました。[*1] 今でも学者に読み継がれている名著です。この著書では「空気」が、日本人の意思決定に対して強力に作用してきたと述べられています。ノエル＝ノイマンは、「沈黙のらせん理論」日本語版への序文で、[*2] **日本におけるこの「空気」「雰囲気」といったものが、沈黙のらせん理論における「意見風土」にあたると解しています**。そうすると、これは本書第1章で紹介した、上智大学教授・佐藤氏が述べたところの「世論《せろん》」にあたります。佐藤氏は感覚的で心情的な「世論《せろん》」ではなく、理性的で知識に基づいた「輿論《よろん》」の復権を主張しましたが、残念ながら、今のところネット世論で大々的に「輿論《よろん》」が展開されているとは言い難い状況です。現在、若者はもちろんのこと、国会議員ですらネット世論を気にしています。それは様々な感情が混濁したタコツボ化された「世論《せろん》」ではないでしょうか。

なお、「空気」という概念は日本人論とともに語られがちですが、程度の強弱はあれ、私はこの現象は日本に限った話ではないと思います。例えば、有名なアメリカの社会学者にアーヴィング・ゴフマン（Erving Goffman）という学者がいます。ゴフマンは、「相互行為儀礼」という人々のやり取りに焦点を当て、人々のミクロな行動、例えば、会話を中断して離席する仕方等の日常的な場面を詳細に分析しました。[*3] 人々はどうやってその場の空気を壊さずに会話を中断するのか、というのを何ページにもわたって詳細に記述したのです。ゴフマンの著書群が名著と評され、今も読み継がれていることを鑑みると、「空気」やそれを破った時の「気まずさ」は、日本だけのものではないことが示唆されます。

加えて、日本国内においても「日本は同調圧力が凄い」という言説への反証は見られます。[*4]

例えば、コロナ禍で行われたウェブ調査は、通俗的な言説と逆の結果を示していました。[*5] ウェブ調査では、コロナ禍において、人々がどう反応しているかについての国際比較が行われました。質問項目の中に、「非常時には、他の人たちが政府の方針に従っているか、一人ひとりが見張るべきである」「非常時には、他の人たちを政府の方針に従わせるために、個々人の判断で行動を起こして良い」という項目がありました。これは同調圧力を示す項目です。日本が同調圧力の強い国であるならば、他国に比べてこの質問項目に賛同する度合いが高くなるはずです。しかし実際の結果は、アメリカ人やイギリス人の方が、これらの意見に賛同する度合いが統計的に有意に高くなったのです。

多メディア時代における世論形成

話を戻しましょう。それではインターネット、ソーシャルメディア時代の今日では、空気、世論《せろん》はどのような影響力があるのでしょうか。これまで述べてきたことを踏まえると、現代においては、社会のマジョリティが構成する「空気」に抗いやすくなっているように思えます。大阪府知事選挙において吉村氏に反対し続けたXユーザ然り、ジャニーズ問題を告発し続けたXユーザ然りです。

顕著な例として、ネットで人気があるれいわ新選組の山本代表のキャッチコピーは「空気を読まない」です。れいわ新選組代表の山本太郎氏が、2022年参議院選挙に向けて党の公式YouTubeアカウントにアップした政見放送には286件のコメントがついていました（2023年11月時点）。そのうち約65％にあたる187件がれいわ新選組を応援する内容でした（れいわ新選組がアンチコメントを削除しているのかもしれませんが）。

しかし**ここで起こっているのは、「空気」の多層化**ではないでしょうか。例えば、Xのジャニーズファンコミュニティではジャニーズ事務所を批判しにくい空気があったのでしょうし、反自民党コミュニティでは自民党の政策を擁護しにくい空気があるのだと思われます。また、れいわ新選組の応援コミュニティでは、れいわ新選組の個別の政策を批判しにくい空気があるのだと思います。彼らとて、感情をベースに意見表明を行っている限りにおいて、「世論《せろん》」であることは否定できないのです。

実際、第2章で用いたデータセット（2021年衆議院選挙時のもの）からランダムに100ポストを取り出して分析したところ、具体的な政策に触れている投稿はわずか17件（17％）でした。つまり、自民党に言及した投稿のうち83％は、具体的な政策に言及せず、「イメージ」だけで政党を語っていると考えられるのです。

イメージによる政治コミュニケーション

一方の政党側も、イメージ先行の発信を行っているようです。日本大学教授の西田亮介氏は、ソーシャルメディアの普及に伴って、政党の情報発信がテキスト情報からイメージに軸足を移していることを指摘しています。[*6] 果たしてこれは望ましいコミュニケーションの在り方でしょうか。お互いにイメージレベルでの情報発信を行う。これはまさに「世《せ》論《ろん》」による民主主義の真髄のようにも思えます。西田氏はこのような状態を「イメージ政治」と名付け、以下のように定義しています。[*7]

有権者が、知識や論理にもとづいて理性的に政局を認識することができず、また政治も印象獲得に積極的に取り組むことで、「イメージ」によって政治が駆動する状態。

第1章で紹介した、橋下徹氏のXの効果を検証した研究を思い出してください。[*8] 橋下氏の投稿に接触することは、政治イシューに関する知識、橋下氏に対する評価、投票行動には影響を与えませんでしたが、橋下氏に対する包括的な好き嫌いの感情には影響を与えました。140文字という短い文章では、個人の政治知識を増やしたり、投票行動を変えたりするまでには至らないけれども、感情的な反応は呼び起せるのではないか、と私は解釈しました。

また、そもそも政治コミュニケーションとはそういうものだという議論もあります。佐藤氏は2016年参議院選挙の際に次のように述べています。[*9]

この「心意気」こそ、アベノミクスの売りなのである。景気を良くする「前向き」なイメージを多くの有権者が評価するのであり、具体的な数字や政策の詳細を聞きたいと思う者などテレビの前にはいない。だとすれば、これを争点にした段階で選挙の勝敗は見えていたということになる。

結局、選挙戦で大切なのは「勝利のイメージ」である。そして、今回の参議院選挙で野党の宣伝ポスターに欠けているのがまさにこのイメージだ。

（……）安倍首相が「アベノミクス」と自分の名前を冠して使うのは、自らの強力なリーダーシップを打ち出したいからである。

実際、複雑な政治プロセスを「アベ」と人格化するわかりやすい表現は、それだけで有権者に安心感を与える。大衆社会における指導者の機能は、個人では理解も制御もできない政治の複雑性を指導者という人格に縮減することで人々の不安を解消することにある。

「具体的な数字や政策の詳細を聞きたいと思う者などテレビの前にはいない」。この佐藤氏の悲観は注目に値します。テレビというイメージ装置に媒介された政治コミュニケーションにおいては、**結局大事なのはイメージであり、細かい政策の詳細など一般の人は気にしていないというのです。**そうした中でうまくやっていたのが安倍元首相のリーダーシップであり、「個人では理解も制御もできない政治の複雑性を指導者という人格に縮減することで人々の不安を解消」していたということです。もっともこの記事の最後に佐藤氏は輿論政治への希望を記述しています。

そしてこうした傾向は、アテンション・エコノミーと共犯関係にあります。アテンション・エコノミーとは、人々の注意（アテンション）を引き付けることにより利益をあげるビジネスモデルです。例えばYouTubeでは、再生数が増えるほどクリエイターに入る広告収入は大きくなります。これと同じことが例えばネットニュースサイトでもはたらいています。クリック数が増えれば増えるほど、管理者に入る広告収入は大きくなるのです。

このようなビジネスモデル下では必然的に、人々のクリックを誘発するような刺激的な見出しやサムネイルが多くなります。個別の政策の解説記事など、地味で難しく、多くの人によるページビューは期待できないでしょう。このような力学により、より「イメージ」に訴えかける記事が多くなってしまうのです。

本節の最後に、前述の上杉氏による「懺悔」記事に掲載された鈴木寛元文部科学副大臣のインタビューでの発言を引用しておきます。私も元政策立案担当者として、共感できる部分があります。[*10]

僕ら政治家が何と戦っているかといえば、それはステレオタイプな言論です。ツイッターはステレオタイプ増強剤のようなところがある。物事を単純化し、思考停止を招く。本来政治というものは、正解のないなかでいろいろ知恵を絞って、どのように暫定的な個別解を見出していくか、そういうアクティビティなんです。そのジレンマの構造やトレードオフの構造を見せた上で議論して、五十一対四十九でどちらかを選ぶ、それが政治です。にもかかわらず、ステレオタイプが持ち込まれることで、議論は勧善懲悪、マルかバツか、黒か白か、という話に落ちてしまう。テレビもステレオタイプをまき散らすけれど、ネットでまき散らす装置がツイッターだと思います。

2　揺らぐ情報の信頼性

「世論」は読みやすく拡散されやすい

本書を読んでいる皆さんは、「フェイクニュース」という言葉はご存じでしょう。それでは、「ファクトチェック」という言葉はご存じでしょうか。ファクトチェックとは「社会に広がっている情報・ニュースや言説が事実に基づいているかどうかを調べ、そのプロセスを記事化して、正確な情報を人々と共有する営み」です。この定義は、日本でファクトチェックを推進している代表的な団体であるファクトチェック・イニシアティブ（FactCheck Initiative Japan、以下ＦＩＪ）による定義です。簡単にいえば、世の中に流布する怪しい情報について、ジャーナリスト達が取材や一次データの調査を行い、当該情報が事実かどうかを検証することです。

「ファクトチェック」とGoogleで検索すれば、ジャーナリスト達が書いた多くのファクトチェック記事を見ることができます。

なぜこんな話をしたのかというと、「世論《せろん》」と「輿論《よろん》」、「フェイクニュース」と「ファクトチェック」は相似形だと思われるからです。**ファクトチェック記事の大きな課題として、読まれにくい、広まりにくい**ということがあります。

有名学術雑誌Scienceに掲載された論文は、Ｘがサービスを開始した２００６年から２０１７年までのデータを使用し、ファクトチェック機関によって真実あるいは虚偽であると立証された情報がそれぞれ英語圏でどのように拡散されたのかを明らかにしました。*11

このデータは、300万人の人々が450万回の投稿によって拡散した、およそ12万6000件のニュースに基づいています。その結果、以下のようなことが明らかになりました。

- 真実のニュースが1000人以上に広まるのは稀だが、上位1%のフェイクニュースは10万人程度に拡散される。
- 真実のニュースはフェイクニュースに比べて、1500人に広まるのに約6倍の時間がかかっていた。
- フェイクニュースの中でも特に拡散力が高いのは政治関連のフェイクニュースである。他のフェイクニュースが1万人に届くよりも3倍近く早く2万人以上に届く。
- フェイクニュースがリポストされる回数は、真実のニュースよりも70%も多い。

要は、**フェイクニュースは真実に比べて広まりやすい**ということです。論文の著者は、その理由がフェイクニュースの新奇性にあることを示唆しています。つまり、フェイクニュースは、意外で、新しく、人の感情を揺さぶるようなニュースであることが多いのです。

例えばコロナ禍におけるフェイクニュースを思い出してください。「LINEの調査で『日本の感染者は公表の10倍以上』」「PCR検査は普通の風邪も検出する」「コロナワクチンの中にナノテクノロジーロボットがある」「ローマ教皇が『天国に行くためにはワクチンが必要』といった」……枚挙に暇がありませんが、どれも新奇で、人の感情を揺さぶるような内容です。

それに比べ、ファクトチェック記事は地味で難解です。情報を検証するというその性格上、論理展開やデータの読み解きが難しいことも多く、記事を通して読むのにはそれなりの認知コストが必要です。

これと同じことが「世論《せろん》」と「輿論《よろん》」でも起きています。

X上でハッシュタグ（#）を伴いながら投稿される感情的な言動は、「世論《せろん》」的な性格が強いでしょう。実際、第2章で行った投稿の分析をしている際に、「#自民党落とすのは大人の責任」「#自民党に政権担当能力はありません」などのように、人々の感情を強く刺激する投稿が散見されました。

一方で、140文字という制限の中で、理性的で知識に基づいた「輿論《よろん》」を表明するのは容易ではありません。前述のとおり、2021年衆議院議員選挙で個別の政策について言及している投稿はわずかでした。政策について理性的な意見を述べている投稿は、それを理解して賛否の判断をするのにそれなりの知識が必要です。

つまりファクトチェックと同様、落ち着いて読まねばならず、拡散されにくいということができるでしょう。従って、**「輿論《よろん》」よりも「世論《せろん》」の方が拡散されやすい**ということがいえるのです。

佐藤氏は次のように述べています。[*12]

> 輿論では何を言っているかが問題だが、世論ではどのように言っているかが重要である。

空気としての世論《せろん》は、その中身が重要なのではなく、「どのように言っているか」、例えば、感情が乗っかっているか、ハッシュタグに合うようにキャッチフレーズ化されているかなど、拡散向けにパッケージ化されていることが重要だと考えられます。

「ネットにこそ真実がある」

私が各政治イベントに際して行った投稿分析の中でよく目にしたのが、マスメディアへの不信です。マスメディアは偏っている、政府に忖度している、ネットにこそ真実がある、このような投稿が散見されました。皆さんもこういった投稿を一度は目にしたことがあるのではないでしょうか。

確かに、マスメディアが完全に中立公正かと問われれば、Yesと答えるのは難しいでしょう。というよりそもそも、人間が編集したものですので、完全に中立公正ということはありえません。主要テレビ局でいうと一般に、朝日、TBSはリベラル、フジテレビ、日本テレビは保守といわれています。同じ政策に対する放送ぶりなどを比較してみても、朝日だけは政府に批判的、ということもしばしばあります。しかし原理的に考えて、マスメディアはネットよりもはるかに中立公正です。

テレビ・ラジオに関しては、法律により政治的に公平であることが求められています。放送法第4条第1項第1号〜第4号を見てみましょう。

第四条　放送事業者は、国内放送及び内外放送（以下「国内放送等」という。）の放送番組の編集に当たつては、次の各号の定めるところによらなければならない。

一　公安及び善良な風俗を害しないこと。
二　政治的に公平であること。
三　報道は事実をまげないですること。
四　意見が対立している問題については、できるだけ多くの角度から論点を明らかにすること。

このように、法律で明示的に中立が求められているので、偏向報道をするハードルが高いのです。

さらに、経済的に考えてもテレビ局や新聞社が偏向するような戦略をとることは考えにくいです。テレビ局や新聞社も営利企業ですので、より多くの視聴者、購読者を獲得することが至上命題です。そうした時に、より多くの層を取り込むような報道を行うことが合理的です。日本において一番多くの層は、政治的には中立層です（第1章で、「どちらともいえない」回答が一番多かったことを思い出してください）。従って、マスメディアが極端にリベラルあるいは保守的な報道を行うことは、顧客を減らす危険を伴う行為なのです[*13]。

一方のネットメディアは、よりニッチな層をねらっても経営が成り立ちます。そして、

YouTubeで動画配信をする、X上に投稿する、ブログを書くなどは、ほとんどコストがかかりません。従って、極端にリベラル、あるいは保守的な意見発信をして、少数の視聴者を獲得できればそれで問題ないのです。むしろエッジがきいているほうが注目されやすいかもしれません。[*14] 実際、様々な政策イシューに関して、ネットをよく利用する人のほうが極端な意見を持っているという研究結果もあります。[*15]

まだまだ強いマスメディアへの信頼

2022年時点の調査によると、現代日本人のメディア利用は**図表5－1**のようになっています。[*16]

我々のイメージどおり、若年者層ではSNSと動画共有サービスを視聴している時間が長く、高齢者層ではマスメディアを視聴している時間が長いことが見て取れます。ただし、日本人の平均年齢が48歳であることを踏まえると、国全体として見ればマスメディアが強いことが見て取れます。

また、西田氏も指摘していますが、大学生の就職活動において、未だにマスメディア企業が人気を誇っています。マイナビの2025年卒版就職企業人気ランキングによると、

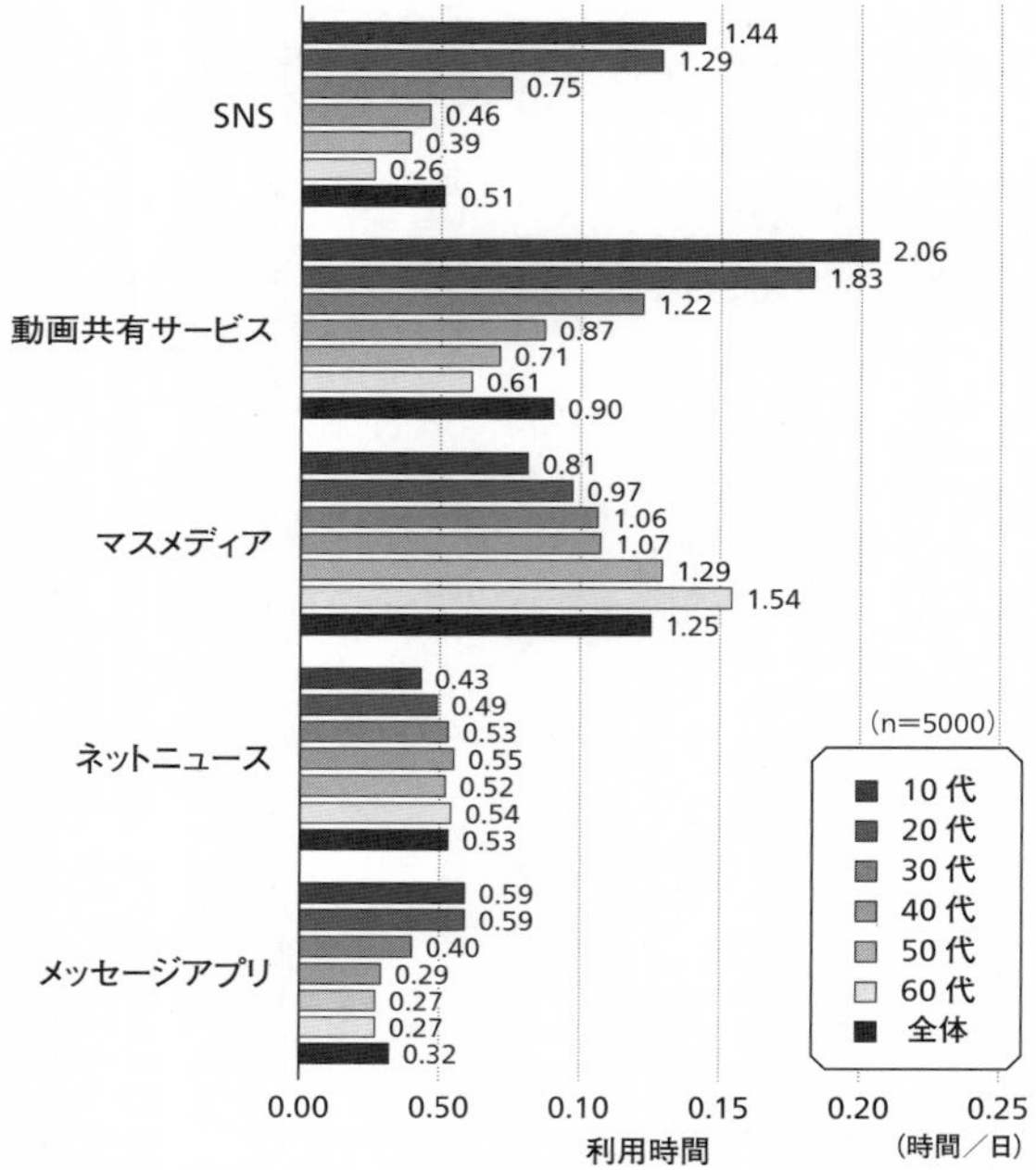

図表5-1　年代別メディア利用状況

(出典)国際大学GLOCOM（2023）「Innovation Nippon 2022 報告書『偽・誤情報、陰謀論の実態と求められる対策』」をもとに筆者作成, http://www.innovation-nippon.jp/reports/2022IN_report_FN_full.pdf

文系学生に人気の企業33位に講談社、37位に集英社、44位にNHK、64位に小学館、72位に東宝、79位にKADOKAWAがランクインしています。[*17]

それに対して、サイバーエージェントやニューズピックスなどのネットメディア企業はランクインしていません。これは何とも不思議な現象です。若者たちは、普段見ている媒体ではないメディア企業に就職を希望しているのです。それだけまだ、マスメディアに権威性を感じているということでしょう。

他のデータも見てみましょう。**図表5－2**は、2022年時点において、各メディアへの信頼度を測定した結果です。[*18] 質問形式としては、「非常に信頼している」〜「全く信頼していない」の6段階で質問を行っており、**図表5－2**は「非常に信頼している」「信頼している」「やや信頼している」と回答した人の合計割合を示しています。

どの年齢層においても、マスメディアが最も高い信頼度を有していました。こうした事情が先の就活人気企業ランキングにも反映されているのかもしれません。

以上を総括すると、確かに**日本の若者はマスメディアを見なくなりつつあるけれど、マスメディアの権威性は未だ健在である**ということがうかがえます。

しかしだからといって、私は、「マスメディアに戻ろう」と皆さんに呼び掛けたいと

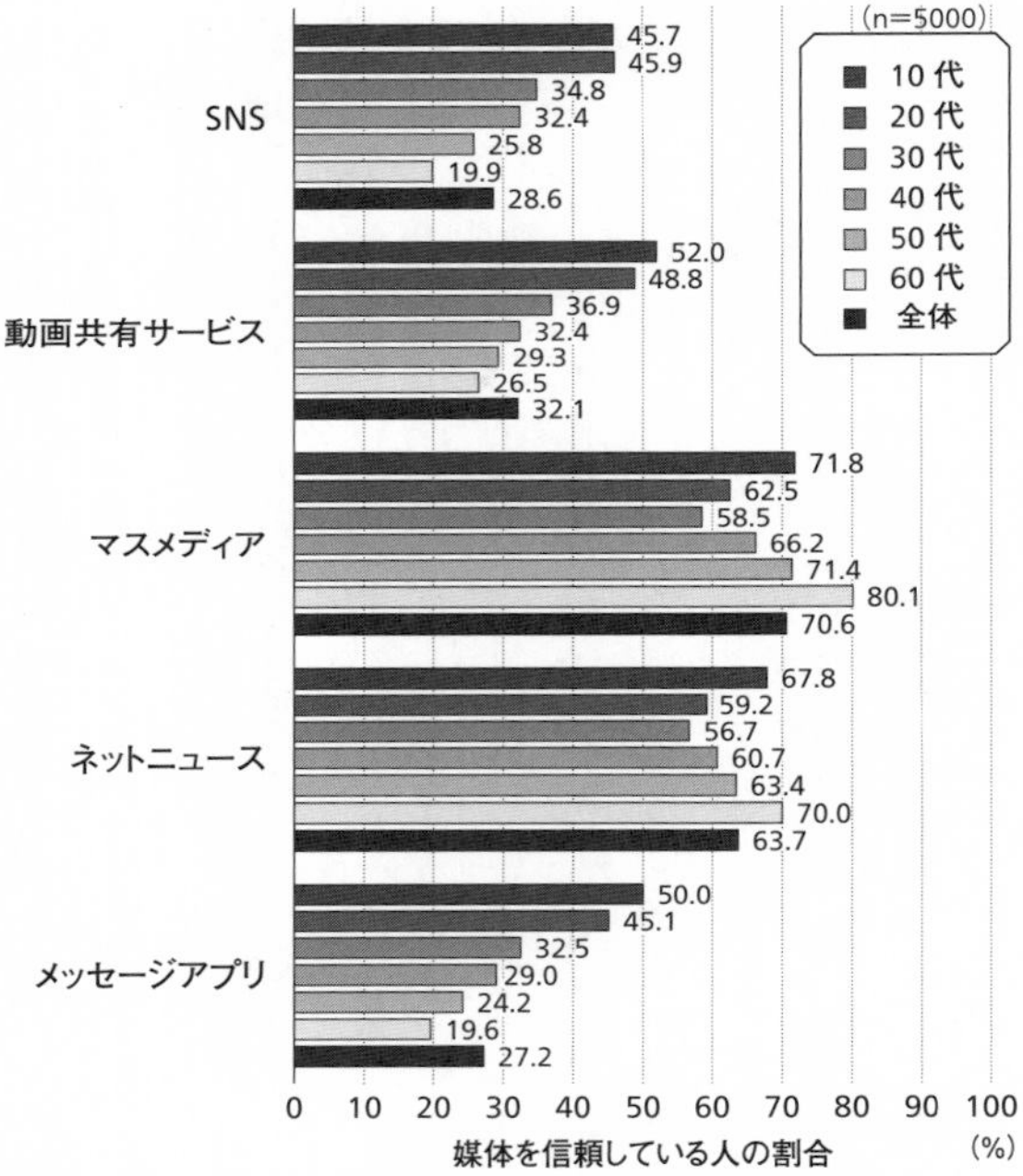

図表5-2　年代別各メディアの信頼度

(出典)国際大学GLOCOM（2023）「Innovation Nippon 2022 報告書『偽・誤情報、陰謀論の実態と求められる対策』」をもとに筆者作成, http://www.innovation-nippon.jp/reports/2022IN_report_FN_full.pdf

思っているわけではありません。というより、インターネット、ソーシャルメディアが普及した現代において、今後メディア接触の中心をマスメディアに戻していくことは難しいでしょう。むしろ、インターネット、ソーシャルメディアが持つ無限の可能性と利便性を利用し、人々にはより充実した生活を送ってほしいと願っています。しかしその際、気にかけてほしいことがあります。それを次節で解説します。

3　ソーシャルメディアを乗りこなすために

事実と意見を区別する

国際大学グローバル・コミュニケーション・センター（GLOCOM）の度重なる調査により、メディア情報リテラシーの高さがフェイクニュースの真偽判定に効果があることが明らかとなっています。*[19] メディア情報リテラシーは様々な要素で構成されますが、その中核となるのは「事実」と「意見」を区別することです。

具体例に基づいて考えてみましょう。次の一文は事実でしょうか、意見でしょうか。

●米国のオバマ元大統領は医療保険制度改革を行った偉大な大統領だ

いかがでしょうか。実はこの一文には、事実と意見の両方が含まれています。事実に関する部分は、「医療保険制度改革を行った」という箇所です。この部分は、医療保険制度改革を行ったか否かという事実関係に関する事項です。調べれば分かります。

ところが、「偉大な」という部分は調べても分かりません。事実関係ではなく個人の意見だからです。このように、**形容詞は発信主体の主観的意見が入りやすい品詞**です。「美しい」「素晴らしい」「大変な」など、いくつか例を考えてみれば、これらに個人の主観的な考えが入っていることが分かるでしょう。こうした事項は、検証のしようがありません。

同じように医療保険制度改革の内容を共有しても、ある人はそれが素晴らしいと思うでしょうし、ある人はそれがひどい内容だと思うこともあるでしょう。後者の人は、オバマ元大統領を偉大だとは考えません。つまり同じ事実を共有しても、個人によって感じ方が異なるのです。ですから、オバマ元大統領が「偉大か否か」は検証のしようがないのです。

フェイクニュースには、事実と意見が混在しており、事実のように見せかけた意見が含まれていることがたくさんあります。だからこそ、事実と意見を区別するリテラシーが、フェイクニュースを見分けることに効果的なのです。

事実に基づいて考える

ＦＩＪ元事務局長の楊井人文氏は次のように述べています。*20

賛否は様々で、どんな立場に立つにせよ、問題を議論する前提としての共通の土台、つまり立場を超えて共有できる事実を示していく、というのがファクトチェックの役割です。

これはネット世論に向き合う際の心構えでもあります。Ｘである投稿を見た時、TikTokである動画を見た時、Yahoo!ニュースで記事を見た時、すぐにその全てを受け入れるのではなく、発信者が提示している事実は何か、発信者の意見は何か、ということを区別することが大切です。

「反発は避けられない」「懸念される」「波紋が広がっている」「今後議論を呼びそう」「こ

ういう見方もできる」[21]……どれもネットでよく見るセリフですが、これらは全て個人の意見です。

我々が注目すべきは事実です。事実を事実と認めたうえで初めて、「問題を議論する前提としての共通の土台」が築かれるのです。この部分がなく、お互い自分の意見をぶつけ合っていても建設的ではありません。

また、異なる事実に基づいて議論していても建設的ではありません。共通の土台を得て初めて、それに対してどう考えるのか、感じるのか、それはなぜかという建設的な議論、歩み寄り、妥協と調整が可能になるのです。

残念ながら**X上では、感情が載っている投稿の方が拡散されやすいという研究結果が出ています**。[22]人々は地味な事実よりも、感情的な投稿のほうが好きなのでしょう。しかしそれこそ偏った「世論《せろん》」がバーストすることを助長します。冷静に事実を見つめ、「良き市民」であるためには、事実に基づいて考えるということが必須になります。

絶えず「出典」を問う

再びリップマンの言説から始めましょう。[23]

自分の意見の根拠となった諸事実にどのようにして接近したかを自問することによって、ひじょうに啓発されることがしばしばある。自分が意見をもっている対象について、実際にそれを見たのは誰か、聞いたのは、感じたのは、数えたのは、名付けたのは誰か。自分にそれを告げた当人なのか、あるいはその人にその事を告げた人なのか、あるいはもっと遠い関係の人なのか。その人物はどの程度見ることができたのだろうか。

この言説には、メディア情報リテラシーの原型があります。自分が今抱いている考えについて、それがなぜ形成されたのかを自問すること、それが重要だと言っているのです。そして**自分の意見の「出典」について、批判的に検証を行うことが有益である**とも述べられています。

例えば今、憲法改正に関する議論が盛り上がっているとしましょう。皆さんはXを開いて、タイムラインを見て、なんとなく論点を分かったつもりになっていないでしょうか。その行為が自身の意見形成の「出典」だとしたら、それは非常に心もとないものです。X

を「出典」にしたいのであるならば、どのアカウントが何を根拠に言っていたのかを意識する必要があります。専門家である法学者か、有名コメンテーターか、マスメディアの公式アカウントか、それとも一般アカウントか、発信者が誰であるかによって情報の質は大きく異なります。

もっとも、これはマスメディアの場合でも異なりません。テレビをよく見る人は、「テレビで言ってた」ということを情報の出典とすることがしばしばありますが、一体誰が言っていたのでしょうか。芸能人のコメンテーターと専門的な研究者とでは情報の質が大きく異なります。

また、「誰が言っていた」だけでは不十分です。「何を根拠に言っていたのか」が重要です。例え専門的な研究者の発言でも、「このような見方もできるのではないか」「私の周りの人たちがこう言っていた」「こういう事例がある」ではあまり信用がおけません。見方の構築のためには徹底した先行研究の調査が必要ですし、人々の意見を適切に抽出するためには、ランダムにサンプリングする必要があることは第1章で述べたとおりです。また、逸話的な証拠（anecdotal evidence）としての事例は人々を引き付けるには良いですが、データとしての信頼性は限定的です。

望ましい根拠としては、法令の正確な理解や一次データの精査などが挙げられます。発言者はこのような根拠を適切に提示して意見を述べていたでしょうか。やはり「事実」と「意見」の区別が重要になります。

再びリップマンの言説を引用しておきましょう。*24

人間の意見というものはその出所と思われているところがどこであろうと、証拠によって吟味せずにすむほど高邁なものではない、どんな意見であろうと誰かの意見でしかない。それを認めてはじめてこうした批判力が生まれる。

そもそも前提となる事実を共有できていない場合、意見を闘わせてもあまり生産的ではありません。ここは誤解してほしくないのですが、本書は「意見」を否定しているわけではありません。人間関係を築いていくうえで、あるいは難しい課題について意思決定する場合、ある事象に対して人々が「どう思うか」を知ることは非常に重要です。実際、政策立案の現場でものごとが決まっていく背景には、様々なステークホルダーの「意見」があります。

しかし繰り返しになりますが、**事実を共有したうえでそれでも異なる意見を調整することに生産性がある**のです。ネット上では事実の共有が不十分なことがあります。時に事実のような顔をした「意見」が見られることがあるので、それには注意しましょうということを本書は強調したいのです。

ネット世論といかに向き合うか

その上で、ネット世論特有の問題がいくつかあります。

一つは、本書で繰り返し述べているフィルターバブル、エコーチェンバーです。あなたがXを見ている時、あなたのタイムラインは「あなた好み」に編集されています。既にフィルターバブルの中にいるのです。従って、あなたが見ている景色が全てではありません。**フィルターバブルの外に出ると、違った風景が広がっています。**また、ソーシャルメディアの機能上、ネット世論は必ずしも多数意見とは限りません。第2章で見たように、ほんの少数の人が、目に見えるネット世論の大部分を生み出していることがしばしばあります。

二つ目に、**あなたがソーシャルメディア上で見ている情報は、感情的な言説であること**

が多いということです。どのプラットフォームにせよ、エンゲージメントが多くなされた投稿が上位に表示されます。そして前述のとおり、感情的な言説のほうがエンゲージメントがなされやすいという傾向があります。だからこそ、「事実」と「意見」を区別するメディア情報リテラシーが必要になるのです。

誤解してほしくないのは、本書を通じて、私はソーシャルメディアを批判したいのではありません。むしろ、それが個人や企業に提供する無限の可能性に期待しています。

佐藤氏は次のように述べています。*25

ニューメディアは旧世代にとっての「目新しさ」ゆえに有害性の告発を受けてきた。明治期に「不良」文化だった小説、大正期に「悪所」だった映画館、昭和戦前期に「低俗」と非難されたラジオ、昭和戦後期に「一億総白痴化」と告発されたテレビ、平成期に「ゲーム脳」などが語られたパソコン、（……）

この引用にうまく表現されているように、新しいメディアは世間の批判を受けるのが通常です。ソーシャルメディアは、まさに今がその時期なのだと思います。ソーシャルメディアをよりよいものにしていくために、プラットフォーマーによるデザインの工夫が大切なのはもちろんですが、**私たち自身が、ソーシャルメディアの「クセ」を知り、適切な付き合い方をしていくことが求められている**のです。

「声なき声」に耳を傾ける

最後に、佐藤氏が紹介している第56、57代内閣総理大臣岸信介の世論観を学んで本書を終えたいと思います。時は1960年、安保闘争の真っただ中にいる岸信介首相の世論観に関する記述です。*26

その運命の日、一九六〇年五月十九日、衆議院の安保特別委員会（……）と本会議（……）で自民党は新安保条約承認の強行採決に踏み切った。これ以降、「民主主義の擁護」を唱えて十万人規模の大衆が連日国会周辺につめかけ、抗議デモが繰り返された。強行採決直後に朝日新聞社が行った世論調査では、強行採決への反対は五〇％、岸内閣退陣をのぞむものは五八％に達した。一週間後の五月二十五・二十六日の朝日新聞社全国調査で、岸内閣支持率は最低の一二％まで落ち込んでいた。五月二十八日、岸首相は記者会見で有名な「声なき声」に言及している。

「院外の運動に屈すれば、日本の民主政治は守れない。私は国民の〝声なき声〟の支持を信じている。[*27]」

この文脈で「声なき声」とは、「サイレント・マジョリティ（もの言わぬ多数派）」を意味する。強行採決を批判するマスコミやシュプレッヒコールを繰り返す学生のほかに、表立って発言しない大衆の「世論」が別に存在するという意味だろう。実際に、岸首相の発言を当時の『朝日新聞』から拾ってみよう。

一九六〇年五月二十二日付「首相、社党代表と会見」では、「総辞職、解散を要求している世論が耳に入らないのか」との質問にこう答えている。

「世論とはどういうものだ。新聞、ラジオだけが世論ではない。一流新聞でも世論を代表していない。日本の国民の大多数の意見は違う。外国では、日本の新聞をみれば岸内閣は三日で倒れそうだが倒れないというし、熊本の参院地方区選挙でも勝っているじゃないか。この際日本の新聞はよく考えてもらいたい。」

二つ目の岸信介の発言に関しては、「新聞」を「ネット」、「岸内閣」を「自民党内閣」

に変えても成立する内容ではないでしょうか（もっとも、自民党の政治資金問題が露呈した現在、この考え方は怪しいかもしれません）。この岸の世論観を正しいというわけではありませんが、「声なき声」という岸の着眼点は重要です。なぜなら、社会調査で「どちらともいえない」と回答する、ネット上には意見を書かない、そんな**大多数の日本人の「サイレント・マジョリティ」について、今一度思いを馳せる必要があるのではないか**と思うからです。

よく考えてみてください。第２章で分析した２０２１年衆議院選挙で、選挙期間中に観察された自民党に対して批判的な投稿（オリジナルポスト）は29万件ありました。これは、８・６万のアカウントによってなされました。これは日本のXアクティブユーザ６７００万人のうちわずか０・００１％以下に過ぎません。リポストに参加したユーザも含めればもっといるでしょうが、それでも全体からみるとわずかな割合です。しかも、特定の集団がポストやリポストを集中的に行っているとしたら、参加人数はもっと少なくなります。

繰り返しになりますが、**皆さんがネット上で目にする「声」だけが国民の「声」ではありません**。それが国民を代表しているわけでもありません。そうしたことを意識できるような方が増えれば、本書の目的は達成されたといえるでしょう。「声なき声」に耳を傾ける、そうした公共性が今求められています。

あとがき

私がネット世論に興味をもったきっかけは、ネット上におけるアンチ自民党的な言説の多さでした。Xで「自民党」と検索すると、ほとんど批判しか出てきません。特に、2020年、2021年のコロナ禍においては、毎日のように自民党への批判がトレンドに入っていました。その中には、目を覆いたくなるような罵詈雑言もありました（念のため申し添えておきますが、私は特に自民党を応援しているわけではありません）。

しかし、そうした中行われた2021年衆議院選挙では、自民党が多くの議席を獲得しました。自民党を批判していた立憲民主党は、むしろ議席を減少させました。ネット世論と選挙結果が一致しない、この事実を前にした時、そのからくりを解明したいと思いました。

一方で、何とも微妙な時期に本書を出版することになったな、というのが正直な感想です。「はじめに」でも述べましたが、2024年現在、自民党は政治資金問題のため大きな逆風の下にあります。また、現在ネットユーザである若年層が壮年層にさしかかり政治に興味を持つようになり得る将来、状況は変わるかもしれません。次の選挙では、自民党に批判的なネット世論と選挙結果が一致する可能性もあります。２０２４年東京都知事選挙では小池百合子氏が勝利しましたが、ネットで人気を集めた石丸伸二氏が票を伸ばしました。ネット世論と社会の世論の関係は今まさに変わりつつあるのです。繰り返しになりますが、その場合本書を、「ネット世論と選挙結果が一致しなかった時代の資料」として参照していただければ幸いです。

インターネットやソーシャルメディアの研究は文理の壁を越えて実施されており、世界中の研究者が競って研究しています。ScienceやNatureといった世界的なトップジャーナルにも一定程度論文が掲載されています。本書はそうした研究群の一端を紹介し、筆者自身が行った研究も交えながら日本のネット世論を解剖しようとする試みでした。

アカデミックやサイエンスの外の世界にいらっしゃる読者の方におかれましては、最後まで読んでいただいて本当にありがとうございました。データ記述という本書の性格上、見慣れない表現や統計学的な考え方が何度も出てきて、読みづらかったかもしれません。しかし私は、今後の時代を生きるにあたって、データリテラシーやデータドリヴンな思考は生産性の核心にあると考えています。本書を通じて、データ記述を少しでも「役に立つ」と思っていただければ望外の喜びです。

私の一冊目の単著は『〈サラリーマン〉のメディア史』という書籍でした。私は、修士課程から博士課程の前半まで、メディア史というhumanitiesに分類される学問を行っていました。ところが、新型コロナウイルスの流行をきっかけに、人々の情報行動を定量的に把握しようとするscienceに舵を切り、「転向」しました。

一般の方には、scienceとhumanitiesという分類は聞き慣れないかもしれません。日本では、文系・理系と分けるのがなじみ深いですが、学術研究においては、この分け方は必ずしもすっきりしない分け方なのです。例えば経済学は一般的には「文系」とカテゴライズされますが、演繹的な数理モデルによる仮説検証を主軸とするその分析方法は理系に近いものがあります。同じ「文系」でも、文献を解釈する思想や文学とは全く異なる研究アプローチです。従って、文系と理系ではなく、科学系と文学系、英語で言うとscienceとhumanitiesに分けた方がしっくりくるのです。

scienceとhumanitiesという問題は非常に難しい問題です。特に社会学においては、

science寄りの研究者とhumanities寄りの研究者が混在しています。そして両者の研究者は大事にしていることが全く異なるのです。事実、実証、モデル、査読（事前評価）、定量、再現性、論文……これらは、scienceが大事にしていることです。一方で、humanitiesが大事にしていることは、意味、解釈、語り、書評（事後評価）、定性、理解可能性、書籍などです。

私自身、humanities時代のコミュニティの先生方と話をする一方で、scienceコミュニティの先生方と話をすると、両者の考え方の違いを前に立ちすくみ、人格が分裂するような思いをすることがあります。強調しておきますが、scienceとhumanitiesのどちらが優れているといったようなことを言いたいのではありません。scienceとhumanitiesのどちらを選好するかは好みの問題でしょう。

現在、私は明確にscienceに比重を置いて研究を行っています。意味解釈よりは事実の実証に興味があり、書籍よりも専門ジャーナルをよく読み、定性的な研究よりは定量的な研究に興味があります。

しかし、humanitiesを捨てたわけではありません。ある事象の歴史やとらえ方を綴《つづ》った書籍の存在は非常に重要だと思いますし、そうした表現活動は、ある程度文脈を切り離して記述せねばならない国際的な専門学術ジャーナルでは実現できないことだと思います。一方で、science的な水準を維持しながら同時にhumanities的な豊かさを実現するのは、非常に難しい作業であることを実感しています。両者は、野球とサッカーくらい異なる競技なのです。従って、humanitiesをscienceのものさしで評価して「恣意的である」とするのは適切ではありませんし、scienceをhumanitiesのものさしで評価して「面白くない」とするのも適切ではありません。

本書を読んでいただくと分かるように、scienceを軸としながらも、哲学科出身のリップマンやメディア史家の佐藤卓己先生の言説など、humanitiesの知見も大いに活用しています。前述したscienceとhumanitiesの相性の悪さを乗り越えて、両者を行ったり来たりしながら独創的な知見を提供する、それが自分の役割なのだと今では思っています。ですので、両コミュニティの先生方には、そんな足元の定まらない私をお許しいただければ幸いです。

最後に本書に関わってくださった多くの方に感謝を述べたいと思います。最初に深謝を述べねばならないのは、国際大学ＧＬＯＣＯＭ准教授の山口真一氏です。山口先生は、私をscientificなソーシャルメディア研究へといざなってくれた恩人です。第二の指導教員といってもよいでしょう。私がGLOCOMのリサーチアシスタントをしていた二年間、山口先生と一緒に研究をすることができたのはまさに僥倖《ぎょうこう》であり、その後の研究方針に決定的な影響を与えました。山口先生と議論したネットメディアに関する様々な事象は、本書でも大いに活かされています。

次に、計算社会科学会の皆様に御礼申し上げます。私が初めて計算社会科学会大会に参加したのは2021年、まだ学会化される以前の、計算社会科学研究会の頃で、大会も「計算社会科学ワークショップ」という名称でした。そこで私は衝撃を受けました。文理の壁を越えて、情報学、工学、コンピューターサイエンス、物理学、政治学、経済学、社会学、社会心理学等様々な分野から研究者が集まり、数理モデルとデータサイエンスを共通言語にして、アクチュアルな課題について国際的に接続可能な方法で多彩な研究発表が行われていました。その様相はまさに「知の総合格闘技」ともいえるような状況で、私はその時、計算社会科学を自分の研究の軸にしたいと思いました。

加えて、計算社会科学会の若手研究者が参加している「ウェブ・ソーシャルメディア論文読み会」にも深く感謝しています。同会では、最近トレンドのテーマについて、トップジャーナル掲載論文を多数読みました。そこで得られた知見が本書でも活かされていることはいうまでもありません。

また、京都先端科学大学講師の小田中悠先生に御礼申し上げます。第2章の国政選挙関連ポストの研究は、小田中先生と共同で行ったものでした。特に、プログラミングの技術的な側面について多くの指導をいただきました。私一人では難しいディープラーニングの実装は、小田中先生なしでは成しえませんでした。

さらに、第4章で展開したジャニーズ性加害問題に関するXとニュースメディアの分析はチームで行ったものでした。分析と議論で中心的な役割を果たしていただいた宮崎邦洋先生（東京大学）をはじめとして、チームメンバーの村山太一先生（横浜国立大学）、入原充輝さん（ニューヨーク大学・研究当時）、吉田光男先生（筑波大学）、鳥海不二夫先生（東京大学）には深く御礼申し上げます。

また、私に本書を執筆する時間と環境を与えてくださった前任校の神田外語大学の皆様、現本務校の立命館大学の皆様にも深く御礼申し上げます。加えて、本書は両校の学生への講義資料及びリアクションペーパーをもとに書かれた部分があることを踏まえれば、学生の皆さんにも深く感謝せねばなりません。

そして何より、本書は多くのアンケート調査によって成り立っています。アンケートにご協力いただいた皆様、本当にありがとうございました。研究倫理上、私は回答者の素性を知り得ませんが、深く感謝しております。

最後に、私に新書の企画を持ち込んでいただいたＮＨＫ出版の粕谷様に深く御礼申し上げます。粕谷さんから連絡をいただかなかったら、本書は生まれていませんでした。また、可読性を高めるために実に様々な視点から執筆のアドバイスをいただきました。論文調の硬い文章がここまで読みやすくなったのは粕谷さんのおかげです。誠にありがとうございます。

なお本書のベースとなっている研究は、日本学術振興会科学研究費助成事業研究活動スタート支援（課題番号：22K20186）による補助金によってなされたものです。この場を借りて御礼申し上げます。

12 佐藤卓己（2008）『輿論と世論：日本的民意の系譜学』新潮社, p.216
13 田中辰雄・浜屋敏（2019）『ネットは社会を分断しない』KADOKAWA, pp.59-63
14 田中・浜屋（2019）前掲書
15 田中・浜屋（2019）前掲書
16 国際大学GLOCOM（2023）「Innovation Nippon 2022 報告書『偽・誤情報、陰謀論の実態と求められる対策』」, http://www.innovation-nippon.jp/reports/2022IN_report_full_FN.pdf
17 マイナビ（2024）2025年卒版就職企業人気ランキング, https://job.mynavi.jp/conts/2025/tok/nikkei/ranking25/rank_bun_all.html
18 国際大学GLOCOM（2023）「Innovation Nippon 2022 報告書『偽・誤情報、陰謀論の実態と求められる対策』」, http://www.innovation-nippon.jp/reports/2022IN_report_full_FN.pdf
19 国際大学GLOCOM（2021）「Innovation Nippon 2020 報告書『フェイクニュースwithコロナ時代の情報環境と社会的対処』」, http://www.innovation-nippon.jp/reports/2020IN_report_full.pdf, 国際大学GLOCOM（2022）「Innovation Nippon 2021 報告書『わが国における偽・誤情報の実態の把握と社会的対処の検討：政治、コロナワクチン等の偽・誤情報の実証分析』」, http://www.innovation-nippon.jp/reports/2021IN_report_full.pdf
20 『正論』2021年3月号「ファクトチェックは万能にあらず」, p.224
21 これらの例は、総務省による啓発教育教材（https://www.soumu.go.jp/use_the_internet_wisely/special/nisegojouhou/）から取得しました。
22 Brady, W. J., Wills, J. A., Jost, J. T., Tucker, J. A., & Van Bavel, J. J. (2017). Emotion shapes the diffusion of moralized content in social networks. *Proceedings of National Academy of Science, 114*, 7313–7318.
23 Lippmann, W. (1922). *Public opinion*（＝1987, 掛川トミ子訳,『世論 上』岩波書店）p.66
24 Lippmann（1922）前掲書, p.168
25 佐藤卓己（2020）『メディア論の名著30』筑摩書房, p.94
26 佐藤卓己（2008）『輿論と世論：日本的民意の系譜学』新潮社, pp.162-163
27 日高六郎『1960年5月19日』岩波新書, p.268

U.S. news before and after #metoo. *Journalism, 24*(6).

18 Mizoroki, S., Shifman, L., & Hayashi, K. (2023). Hashtag activism found in translation: Unpacking the reformulation of #MeToo in Japan. *New Media & Society, 0*(0). Hasunuma L and Shin K (2019) #MeToo in Japan and South Korea: #WeToo, #WithYou. *Journal of Women, Politics & Policy, 40*(1), 97–111.

19 Matthes, J., Rios Morrison, K., & Schemer, C. (2010). A spiral of silence for some: Attitude certainty and the expression of political minority opinions. *Communication Research, 37*(6), 774-800.

20 安野智子（2006）『重層的な世論形成過程：メディア・ネットワーク・公共性』東京大学出版会

第5章

1 山本七平（1977）『「空気」の研究』文藝春秋

2 Noelle-Neumann, E. (1980). *Die Schweigespirale*, Piper Verlag（＝2013, 池田謙一・安野智子訳『沈黙の螺旋理論：世論形成過程の社会心理学 改訂復刻版』北大路書房）

3 Goffman, E. (1967). *Interaction ritual : essays on face-to-face behavior*, Penguin Books.（＝2012, 浅野敏夫訳『儀礼としての相互行為：対面行動の社会学 :新訳版』法政大学出版局）

4 高野陽太郎（2021.8.4）「『日本は同調圧力が凄い』というのは本当なのか？：国際比較から見えてくる日本人の真の姿」, https://gendai.media/articles/-/85805

5 三浦麻子・平石界・中西大輔・Andrea Ortolani（2020）「新型コロナウィルス感染禍に対する態度の国際比較：『自業自得』『自粛警察』は日本にユニークなのか」『日本社会心理学会第61回大会発表論文集』p. 199

6 西田亮介（2021.1.5）「イメージ先行の政治発信をどう読み解くか」, 毎日新聞, https://mainichi.jp/premier/politics/articles/20210104/pol/00m/010/002000c

7 西田亮介（2016）「ネット選挙とソーシャルメディア――社会は、データ化で加速する「イメージ政治」をいかにして読み解くか」, 遠藤薫編著『ソーシャルメディアと〈世論〉形成：間メディアが世界を揺るがす』東京電機大学出版局, p.143

8 Kobayashi, T., & Ichifuji,Y. (2015). Tweets that matter: evidence from a randomized field experiment in Japan. *Political Communication, 32*(4), 574–593.

9 佐藤卓己（2016.7.6）「「アベ政治に反対」と野党が叫ぶほど、安倍首相が指導力を発揮しているイメージは強化されるという“逆説”」, https://gendai.media/articles/-/49086

10 上杉隆（2013）「ツイッター敗戦　わが懺悔録」『文藝春秋』91（11）, p. 204

11 Vosoughi, S., Roy, D., & Aral, S. (2018). The spread of true and false news online, *Science, 359*, no. 6380: 1146–51, 本書の記述は、この論文の共著者の一人であるSinan Aralによる著書『デマの影響力：なぜデマは真実よりも速く、広く、力強く伝わるのか?』（夏目大訳, 2022, ダイヤモンド社）に基づいています。

or.jp/politics/articles/feature/37768.html

5 HUFFPOST (2020.5.13)「「#検察庁法改正案に抗議します」は本当に世論のうねり？東大准教授にTwitter分析を聞いた」, https://www.huffingtonpost.jp/entry/news_jp_5eba3a6fc5b69011a5732cc0

6 NHK政治マガジン (2020.5.27)「検察庁法案 見送りの顚末」, https://www.nhk.or.jp/politics/articles/feature/37768.html

7 読売新聞2020年5月19日付朝刊「［スキャナー］政府　強気から一転　検察庁法案見送り　批判の広がり　見誤る」

8 BBC (2023)「BBCドキュメンタリー「J-POPの捕食者：秘められたスキャンダル」【日本語字幕つき】」, YouTube, https://www.youtube.com/watch?v=zaTV5D3kvqE

9 TBS NEWS DIG (2023)「【検証】ジャニーズ事務所とTBSの関係　性加害問題 報じなかった背景【報道特集】」, YouTube, https://www.youtube.com/watch?v=RjRQJ36Bpco

10 NHK (2023.8.4)「ジャニーズ性被害問題 "数百人巻き込まれたか" 国連作業部会」https://www3.nhk.or.jp/news/html/20230804/k10014153101000.html

11 朝日新聞DIGITAL (2023.4.21)「ジャニーズ事務所が性被害疑惑調査　所属タレントらに聞き取り」, https://www.asahi.com/articles/ASR4P6RY4R4PUCVL00M.html

12 SMILE=UP (2023.5.14)「故ジャニー喜多川による性加害問題について当社の見解と対応」, https://www.smile-up.inc/s/su/group/detail/info-700

13 SMILE=UP (2023.8.29)「外部専門家による再発防止特別チームに関する調査結果調査報告書」, https://www.smile-up.inc/s/su/group/detail/info-711

14 研究の詳細は以下の論文にまとめられています。Tanihara, T., Irihara, M., Murayama, T., Yoshida, M., Toriumi, F., & Miyazaki, K. (2024). Breaking the spiral of silence: News and social media dynamics on sexual abuse scandal in the Japanese entertainment industry, *PLOS ONE, 19*(6), e0306104.

15 Tf-Idf (Term Frequency-Inverse Document Frequency) は、テキストデータの分析において、特定の単語が文書集合内でどれだけ重要であるかを測定するために使われる統計的手法。例えば、多くの文書に頻繁に出現する「the」や「is」のような一般的な単語は、Tf-Idf値が低くなります。これは、これらの単語が特定の文書の主題を反映していないことを意味します。一方、特定の文書にのみ頻繁に出現する専門用語やキーワードは、高いTf-Idf値を持ち、文書の内容やテーマをよりよく反映します。

16 De Benedictis, S., Orgad, S., & Rottenberg, C. (2019). #MeToo, popular feminism and the news : A content analysis of UK newspaper coverage. *European Journal of Cultural Studies, 22*(5-6), 718-738.

17 Noetzel, S., Mussalem Gentile, M. F., Lowery, G., Zemanova, S., Lecheler, S., & Peter, C. (2023). Social campaigns to social change? Sexual violence framing in

歴が低い人が多い）の動員が関係していると分析されています。詳細は蒲島・境家（2020） 7章を参照。

7　Downs, A. (1957). *An economic theory of democracy*, Harper and Brothers.

8　飯田ほか（2015）前掲書, p.79

9　飯田ほか（2015）前掲書, p.80

10　飯田ほか（2015）前掲書, p.80

11　山口真一（2015）「ネット炎上の実態と政策的対応の考察: 実証分析から見る社会的影響と名誉毀損罪・制限的本人確認制度・インターネットリテラシー教育の在り方」『情報通信政策レビュー』6, pp.52-74

12　蒲島・境家（2020）前掲書, p.89

13　メタアナリシスとは、複数の論文をレビューして統合的な知見を得る分析のことをいいます。

14　Oser, J., Grinson, A., Boulianne, S., & Halperin, E. (2022). How political efficacy relates to online and offline political participation: A multilevel meta-analysis, *Political Communication, 39*(5), 607-633.

15　Boulianne, S. (2020). Twenty years of digital media effects on civic and political participation. *Communication Research, 47*(7), 947–966.

16　国立社会保障・人口問題研究所（2023）「日本の将来推計人口」, https://www.ipss.go.jp/pp-zenkoku/j/zenkoku2023/pp2023_gaiyou.pdf

17　従属変数とは、ある変数により説明される変数のことをいいます。

18　独立変数とは、説明したい変数（従属変数）を説明する要素として設定する変数のことをいいます。今回は、8つの仮説を設定しているので、それぞれに対応する独立変数を作成する必要があります。

19　Yamamoto, M., Nah S., & Bae, S. Y. (2020). Social media prosumption and online political participation: An examination of online communication processes. *New Media & Society, 22*(10), 1885–1902.

20　Noelle-Neumann, E. (1974). The spiral of silence: A theory of public opinion. *Journal of Communication, 24*(2), 43–51.

21　例えば、Matthes, J., Knoll, J., & von Sikorski, C. (2018). The "Spiral of Silence" revisited: A meta-analysis on the relationship between perceptions of opinion support and political opinion expression. *Communication Research, 45*(1), 3–33.

第4章

1　Tufekci, Z. (2018). *Twitter and tear gas: The power and fragility of networked protest*, Yale University Press.（＝2018, 毛利嘉孝監修, 中林敦子訳『ツイッターと催涙ガス：ネット時代の政治運動における強さと脆さ』Pヴァイン）

2　Tufekci, Z.（2018）前掲書, p.104

3　Tufekci, Z.（2018）前掲書, p.300

4　NHK政治マガジン（2020.5.27）「検察庁法案 見送りの顛末」, https://www.nhk.

Society, 5(2).

8 Lottridge, D., & Bentley, F. R. (2018). Let's hate together: How people share news in messaging, social, and public networks, *Proceedings of the 2018 CHI Conference on Human Factors in Computing Systems*, 1–13.

9 「オッズ比」について解説しましょう。そのためには、まず「オッズ」について理解する必要があります。オッズは、ある事象が起こる確率と起こらない確率の比率です。例えば、ある事象が起こる確率がP（0と1の間の値）である場合、オッズはP/1-Pとなります。オッズ比は、ある特定の条件下でのオッズと、別の条件下でのオッズの比率です。つまり、オッズa/オッズbと表せます。例えば、医療における事例を考えてみましょう。ある治療法があったとします。この治療法が病気に有効かどうかをロジスティック回帰分析で確かめました。この治療法のオッズ比が2.0の場合、治療法を使用する人は、使用しない人に比べて、病気が治るオッズが2倍ということを意味します。オッズ比が0.5の場合、治療法を使用する人は、使用しない人に比べて、病気が治るオッズが半分ということを意味します。オッズとはP/1-Pで表せたわけですから、これが2倍になるということはつまり、病気が治る確率が高くなるということを意味します。逆に半分になるということは、病気が治る確率が小さくなるということです。

10 この点は議論のあるところかもしれません。しかし憲法改正などの主要論点に絞って見てみると、保守的な立場を取っていると解して問題ないと思われます。

11 辻大介（2017）「計量調査から見る『ネット右翼』のプロファイル：2007年／2014年ウェブ調査の分析結果をもとに」『年報人間科学』（38), pp.211-224

12 ただしこれらの変数については、Xなどの利用が多いからネット右翼になるのか、ネット右翼だからXなどの利用が多くなるのか、両方の因果関係が考えられます。

13 令和4年7月14日 内閣総理大臣記者会見, https://www.kantei.go.jp/jp/101_kishida/statement/2022/0714kaiken.html

第3章

1 もっとも、X上の言説は選挙権を持たない者（大阪府民以外）によっても構成されていたことは留保が必要です。

2 鳥海不二夫（2020.7.8）「2020都知事選で小池都知事への応援メッセージがツイッター上にほとんどなかった件」, Yahoo! ニュース, https://news.yahoo.co.jp/expert/articles/91e631039f3ee0765d90fc6389f40454f0abebe2

3 蒲島郁夫・境家史郎（2020）『政治参加論』東京大学出版会, p.126

4 アメリカでの研究として、Verba, S., & Nie, N. H. (1972). *Participation in America: Social equality and political democracy*, Harper & Row.

5 日本での研究として、蒲島郁夫・境家史郎（2020）『政治参加論』東京大学出版会

6 もっとも、1960年代～70年代においては、学歴が相対的に低い方が投票率が高かったようです。この背景には、農協などの関係団体を通じた農村部（比較的学

52 飯田健・松林哲也・大村華子 (2015)『政治行動論: 有権者は政治を変えられるのか』有斐閣

53 NHK (2024)「政党支持率 自民は25.5%で政権復帰以降最低に 無党派層は44%」, https://www3.nhk.or.jp/news/html/20240610/k10014476111000.html

54 NHK政治マガジン (2020.11.4)「民意は大阪市存続を求めた」, https://www.nhk.or.jp/politics/articles/feature/47564.html

55 朝日新聞2020年4月9日付夕刊「(取材考記) 大阪府市の一元化条例成立、制度論に終止符　都構想で分断、相互不信の修復を　笹川翔平」

56 NHK政治マガジン (2020.11.4)「民意は大阪市存続を求めた」, https://www.nhk.or.jp/politics/articles/feature/47564.html

57 吉川徹・狭間諒多朗 (2019)「分断社会を生きる若者たち」吉川徹・狭間諒多朗編『分断社会と若者の今』, pp.1-25

58 吉川徹 (2019)「非大卒者の大学離れ：学歴分断の「ソフトウェア」」吉川徹・狭間諒多朗編『分断社会と若者の今』, pp. 180-197

59 総務省「国政選挙における投票率の推移」, https://www.soumu.go.jp/senkyo/senkyo_s/news/sonota/ritu/index.html

60 総務省「国政選挙における年代別投票率について」, https://www.soumu.go.jp/senkyo/senkyo_s/news/sonota/nendaibetu/

61 稲増一憲・三浦麻子 (2015)「「自由」なメディアの陥穽：有権者の選好に基づくもうひとつの選択的接触」『社会心理学研究』31(3), pp.172-183

62 稲増・三浦前掲論文, p.181

第2章

1 Application Programming Interfaceの略。ポストを取得するプログラムを構築することにより、キーワードに引っかかるポストを網羅的に取得することができます。

2 山口真一 (2022)『ソーシャルメディア解体全書：フェイクニュース・ネット炎上・情報の偏り』勁草書房

3 Cram L., Llewellyn C., Hill, R., & Magdy, W. (2017). UK general election 2017: A Twitter analysis, *arXiv*:1706.02271.

4 田村秀 (2019)『データ・リテラシーの鍛え方 ："思い込み"で社会が歪む』イースト・プレス, Kindle版, p.29

5 Tanihara, T. (2022) .The bias of Twitter as an agenda-setter on COVID-19: An empirical research using log data and survey data in Japan. *Communication and the Public*, *7*(2), 67-83.

6 Fan, R., Zhao, J., Chen, Y., & Xu, K. (2014). Anger is more influential than joy: sentiment correlation in Weibo. *PLOS ONE*, *9*(10): e110184.

7 Wollebæk, D., Karlsen, R., Steen-Johnsen,. K., & Enjolras, B. (2019). Anger, fear, and echo chambers: the emotional basis for online behavior. *Social Media +*

35 ラザーズフェルドの研究に関する以上の解説は、稲増一憲（2022）『マスメディアとは何か：「影響力」の正体』（中公新書）に基づいています。

36 McCombs, M. E., & Shaw, D. L. (1972). The agenda-setting function of mass media. *Public Opinion Quarterly, 36*(2), 176–187.

37 McGregor, S. C., & Vargo, C. J. (2017). Election-related talk and agenda-setting effects on Twitter: A big data analysis of salience transfer at different levels of user participation. *The Agenda Setting Journal, 1*(1), 44–62.

38 Vargo, C. J., Guo, L., McCombs, M. E., & Shaw, D. L. (2014). Network issue agendas on Twitter during the 2012 U.S. Presidential Election: Network issue agendas on Twitter. *Journal of Communication, 64*(2), 296–316.

39 Kobayashi, T., & Ichifuji, Y. (2015). Tweets that matter: evidence from a randomized field experiment in Japan. *Political Communication, 32*(4), 574–593.

40 Adam D. I. K., Guillory, J. E., & Hancock, J. T. (2014). Experimental evidence of massive-scale emotional contagion through social networks, *Proceedings of the National Academy of Sciences, 111*(24), 8788-90.

41 Sunstein, C. (2001) *Republic.com*, Princeton University Press（＝2003, 石川幸憲訳『インターネットは民主主義の敵か』毎日新聞社）

42 Thompson, A. (2016). *Journalists and Trump voters live in separate online bubbles, MIT analysis shows*, VICE NEWS, https://www.vice.com/en/article/d3xamx/journalists-and-trump-voters-live-in-separate-online-bubbles-mit-analysis-shows

43 Conover, M. D., Gonçalves, B., Flammini, A., & Menczer, F. (2012). Partisan asymmetries in online political activity. *EPJ Data Science, 1*(6), 1–19

44 BBC（2022.9.27）「安倍氏の国葬、執り行われる　賛否が割れる中で」, https://www.bbc.com/japanese/63043049

45 CNN（2022.9.27）「安倍元首相の国葬実施、反対論も」, https://www.cnn.co.jp/world/35193802.html

46 Levy, R. (2021). Social media, news consumption, and polarization: evidence from a field experiment. *American Economic Review, 111*(3), 831–870.

47 田中辰雄・浜屋敏（2019）『ネットは社会を分断しない』KADOKAWA

48 Robertson, R.E., Green, J., Ruck, D.J. et al. (2023). Users choose to engage with more partisan news than they are exposed to on Google Search. *Nature, 618*, 342–348.

49 田中・浜屋（2019）前掲書

50 Eady, G., Nagler, J., Guess, A., Zilinsky, J., & Tucker, J. A. (2019). How many people live in political bubbles on social media? Evidence from linked survey and Twitter data. *Sage Open, 9*(1).

51 David A., & Elias D. (2019). Thinking fast and furious: Emotional intensity and opinion polarization in online media, *Public Opinion Quarterly, 83*(3), 487–509.

100件以上存在する場合を対象としている)」。

17 上杉隆 (2013)「ツイッター敗戦　わが懺悔録」『文藝春秋』91 (11), p.208

18 上杉 (2013) 前掲論文, p.209

19 鈴木督久 (2021)『世論調査の真実』日経BP日本経済新聞出版本部, Kindle版, p.2

20 どうやってハードルをクリアしているかについては、鈴木督久 (2021)『世論調査の真実』に詳細に記述されていますので、興味のある方は同書をご参照ください。

21 Salganik, M. J. (2017). *Bit by bit: Social research in the digital age*. Princeton University Press.

22 Mellon, J., & Prosser, C. (2017). Twitter and Facebook are not representative of the general population: Political attitudes and demographics of British social media users. *Research & Politics, 4*(3).

23 Wojcik, S., & Hughs. (2019, April 4). *How twitter users compare to the general public*. Pew Research Center, https://www.pewresearch.org/internet/2019/04/24/sizing-up-twitter-users/

24 Barberá, P., & Rivero, G. (2015). Understanding the political representativeness of Twitter users. *Social Science Computer Review, 33*(6), 712–729.

25 Rossini P., Stromer-Galley J., Kenski K., Hemsley J., Zhang F., & Dobreski B. (2018). The relationship between race competitiveness, standing in the polls, and social media communication strategies during the 2014 U.S. gubernatorial campaigns. *Journal of Information Technology & Politics, 15*(3), 245-261.

26 西田亮介 (2015)『メディアと自民党』KADOKAWA

27 自民党ウェブサイト「『Truth Team (T2)』がキックオフ！ ネット上の国民の声を活かし、新しい政治のカタチを」, https://www.jimin.jp/news/policy/129875.html

28 上ノ原秀晃 (2014)「2013年参議院選挙におけるソーシャルメディア：候補者たちは何を「つぶやいた」のか」『選挙研究』30(2), pp. 116-128

29 西田亮介 (2015)『メディアと自民党』KADOKAWA, Kindle版, No.1677-1697

30 Barbaro, M. (2015). *Pithy, mean and powerful: How Donald Trump mastered Twitter for 2016*. The New York Times. https://www.nytimes.com/2015/10/06/us/politics/donald-trump-twitter-use-campaign-2016.html

31 読売新聞 (2017.8.4)「ツイッター投稿で読み解くトランプ政治」, https://www.yomiuri.co.jp/fukayomi/20170803-OYT8T50006/

32 CNN (2018.1.20)「トランプ氏の『フェイク』発言、就任後は１日平均１回以上」, https://www.cnn.co.jp/fringe/35113454.html

33 BBC (2022.7.13)「米議会襲撃、トランプ氏が『ツイートで扇動』下院調査委で証言」, https://www.bbc.com/japanese/62145575

34 Lazarsfeld, P. F., Berelson, B., & Gaudet, H. (1948). *The people's choice: How the voter makes up his mind in a presidential campaign*. Columbia University Press.

注

※記載されているURLは全て2024年6月10日時点で閲覧確認を行いました。

はじめに

1 Statista. (2023). Leading countries based on number of X (formerly Twitter) users as of January 2023, https://www.statista.com/statistics/242606/number-of-active-twitter-users-in-selected-countries/

第1章

1 Carroll J. G., & Michael E. H. (2008). Public Opinion, *The International Encyclopedia of Communication*.

2 佐藤氏は「輿論（よろん）」に対して「Public opinion」、「世論（せろん）」に対して「Popular sentiments」という英語をあてていますが、The International Encyclopedia of Communicationが述べている通り「opinion」という単語は主観的なニュアンスが強いためあまり適切ではないかもしれません。

3 佐藤卓己（2008）『輿論と世論：日本的民意の系譜学』新潮社, pp.304-305

4 福間良明（2006）『「反戦」のメディア史：戦後日本における世論と輿論の拮抗』世界思想社, p.12

5 Lippmann, W. (1922). *Public opinion*, Macmillan（＝1987, 掛川トミ子訳『世論　上』岩波書店）

6 堤未果・中島岳志・大澤真幸・高橋源一郎（2018）『別冊NHK100分de名著　メディアと私たち』NHK出版

7 Lippmann（1922）前掲書, p. 47. なおリップマンは『世論』の中で、小文字のpublic opinionと大文字のPublic opinionを使い分けています。前者は個人レベルの認知的な世論であり、後者は社会レベルの集合的な世論を指します。

8 Lippmann（1922）前掲書, p.111

9 佐藤（2008）前掲書, p.308

10 上杉隆（2010）『なぜツイッターでつぶやくと日本が変わるのか：マイクロジャーナリズムが政治とメディアを揺らす8つの話』晋遊舎, pp.24-25

11 上杉（2010）前掲書, p.67

12 上杉（2010）前掲書, pp.91-93

13 上杉（2010）前掲書, p.115

14 上杉（2010）前掲書, p.130

15 上杉（2010）前掲書, p.135

16 シエンプレ デジタル・クライシス総合研究所（2023）『デジタル・クライシス白書2023』, https://www.siemple.co.jp/document/hakusho2023/, なお「炎上」とは次のように定義されています。「企業、団体や個人などが発言した内容、行為について、ソーシャルメディアを中心とするメディア上で概要が掲載・拡散され、その後に批判や避難が殺到する現象。（具体的には当該事案に言及した投稿が

校閲　髙松完子
図表作成　手塚貴子
ＤＴＰ　㈱ノムラ

谷原つかさ たにはら・つかさ
1986年生まれ。立命館大学産業社会学部准教授。
国際大学GLOCOM客員研究員。
専門は計量社会学、メディア・コミュニケーション論。
東京大学経済学部卒業。中央官庁勤務を経て、
2022年慶應義塾大学大学院社会学研究科より
博士号(社会学)を取得。
2018年関西社会学会大会奨励賞を受賞。
著書に『〈サラリーマン〉のメディア史』(慶應義塾大学出版会)、
『消費と労働の文化社会学』(共著、ナカニシヤ出版)など。

NHK出版新書 725
「ネット世論」の社会学
データ分析が解き明かす「偏り」の正体

2024年8月10日 第1刷発行

著者 谷原つかさ
発行者 江口貴之
発行所 NHK出版
〒150-0042 東京都渋谷区宇田川町10-3
電話 (0570) 009-321(問い合わせ) (0570) 000-321(注文)
https://www.nhk-book.co.jp (ホームページ)

ブックデザイン albireo
印刷 壮光舎印刷・近代美術
製本 二葉製本

Printed in Japan ISBN978-4-14-088725-7 C0236

NHK出版新書好評既刊

哲学史入門Ⅲ
現象学・分析哲学から現代思想まで
斎藤哲也[編]
近代哲学はいかに乗り越えられ、新たな哲学が誕生したのか。第三巻は、二〇世紀を舞台に大陸系と英米系という二大潮流を最前線までたどる。
721

中国古典の生かし方
仕事と人生の質を高める60の名言
湯浅邦弘
悩んだときは、『孫子』×『貞観政要』と、『菜根譚』×『呻吟語』が役に立つ。ユーモア抜群の研究者が解説する、「故事・ことわざ」読み方指南の書!
722

新プロジェクトX 挑戦者たち 1
東京スカイツリー カメラ付き携帯
三陸鉄道復旧 明石海峡大橋
NHK「新プロジェクトX」制作班
18年ぶりに復活の群像ドキュメンタリー、待望の書籍化第1弾!「失われた時代」とも言われる平成・令和の挑戦者たちの知られざるドラマを描く。
723

人口減少時代の再開発
「沈む街」と「浮かぶ街」
NHK取材班
補助金依存など、ほころびを見せつつある高層化による再開発スキーム。福岡、秋葉原、中野、福井……、現地の徹底取材からその深部に迫る!
724

「ネット世論」の社会学
データ分析が解き明かす「偏り」の正体
谷原つかさ
「民意」を作るのは、わずか0・2%のユーザだった! 思い込みや偏見を排した定量的なデータ分析に基づき、「ネット世論」の実態に迫る快著。
725